飲食店のための

ドリンクの教科書

カスタマイズ・バイブル

飲料研究ユニット「香飲家」

片倉康博・田中美奈子・藤岡響 著

JN079482

Softdrink

客層や季節に合わせて作る
ソフトドリンクの技術と理論

ソフトドリンクが
顧客の心を掴む時代

ソフトドリンクの本質を理解すると、じつは顧客のニーズを掴むための
重要な役割を持っていることがわかってきます。本書を参考に、ソフトドリンクの持つ
可能性を探り、美味しい飲み物作りに試行錯誤する店が増えれば幸いです。

ノンアルコールとアルコールの需要

働き方や店の営業形態が大きく変動している近年、店の提供するものと顧客のニーズのズレは深刻となってきています。

たとえばアルコールは、世界中の飲食業界での「アルコール離れ」が増加するばかりで、売り上げが下がっている夜営業の飲食店が増えています。成人全体で飲める人と飲めない人の割合は半々まできているというリサーチ結果も出ており、ノンアルコールドリンクの需要が高まっているといえるでしょう。しかし、現状食事に合ったアルコールドリンクの提供やアピールは盛んにしているものの、ノンアルコールで食事に合うメニューが非常に少ない状態です。そのためアルコールを飲めない人や飲まない人が楽しめるよう、ソフトドリンクを充実させることで新たな集客が期待できます。このように、今の時代に合わせた売り上げ向上を目指す必要があります。

アルコールをよく飲む人の多くは団塊世代といわれ、なかでも「大人への憧れ」を強く持って育った人たちではないでしょうか。この世代は、嫌いなものも我慢して食べるのが当たり前の時代であり、子どもの時期に苦手な味覚を早い段階で経験し、慣れることで味覚や感覚が成長していきました。一方、現代の若者は大人への憧れが希薄で、嫌いなものは食べなくても問題ないとされることが多い環境となっています。苦手な味覚が食卓に並ぶことも少なく、味覚が成長する機会が乏しくなっているのです。

今はまだ、アルコールを飲む世代の人口の方が多いため、世間的にはあまりアルコール離れへの危機感は薄いのかもしれません。しかし近い未来、アルコールを飲む人が少しずつ減っていくことで、アルコールの販売も厳しい時代になる可能性があります。

ドリンクの持つ印象

日本では、ソフトドリンクは「簡単に作れる」と考えられています。それはアルコールドリンクに比べて「グラスやカップに注ぐだけ」、「ミキサーで混ぜるだけ」、「コーヒーマシンのボタンを押すだけ」というイメージのせいです。

それは大きな間違いであり、ソフトドリンクも料理と同じく「食材」を使用して作られているため、摂取方法が「食べる」か「飲む」かの違いだけなのです。

プロの料理人とアマチュアの人が同じ食材、同じレシピで料理を作っても決して同じ味に仕上がらないのと一緒で、ソフトドリンクも作り手によって味が変わってきます。それはプロの作る工程には必ず理論があり、さらに理論を活かすだけのスキルが必要とされるためです。

料理を簡単に誰でも作れると認識しないのと同様、ドリンクも本来は安易なものではありません。

日本のドリンク業界

世界中でドリンクの講義などの仕事をしているな

かで、世界のドリンクの捉え方は料理と近く、レベルの高さを感じます。

日本は「ドリンクは簡単に作れる」という認識が色濃く、不慣れなアルバイトスタッフでも作れる内容でマニュアル化していることがほとんどです。それにより、できる限り「ドリンクの味がブレないレシピ」にするため作りやすい方法へと簡素化されて、結果的にレベルの低いドリンクとなってしまいます。簡素化して使用できる素材にも限度があるため、バリエーションも増えず「美味しい」から遠ざかってしまっています。海外から日本にきた人に「日本では美味しいコーヒーやソフトドリンクが飲めない」といわれることもあるほどです。

また、日本の業界は細分化することも多く、コーヒー系の人はコーヒーについてしか勉強しない、お茶系統の人はお茶についてしか学ばない、といったように特化した知識しか身につけないことがよくあります。それは職人気質でひとつのものを極めるのが得意な日本人の国民性ではありますが、幅広い視野でアイデアを出すのにはあまり向かない方法なのです。

アイデアとは、自分のなかにある知識や経験を合わせたときに生まれるものです。自分の「好き」を極めつつ他分野についても知り、とり入れていくことで新たな発想を思いつきます。それらをどう組み合わせ、バランスをとるのか考えた末に、新たなドリンクを生みだすことができるのです。そうした発想を大切にし、顧客にとって魅力的なメニュー作りをする店が日本でも増えることを期待しています。

ソフトドリンクのこれから

世界では「飲んで美味しい」というのは当たり前なので、そこに「栄養が摂れて体に優しい」などの、プラス α の要素を持つドリンクの店が人気になります。

日本ではまだ、飲んで楽しむよりも「写真に撮ってSNSに投稿する」といった、見て楽しむ要素を重要視しています。そのため店側も味を度外視して、見た目の良さだけを追求していることが少なくありません。しかし、味が良くなければリピート客は期待できないでしょう。見た目が良く、映えるだけのドリンクブームはいずれ終わりがきます。そのとき生き残れる店であるためには「美味しいドリンク」を作り、顧客の心を掴むことが大切となります。

そのためにはまず、ドリンクは料理やスイーツと同じだと考えましょう。たとえばスイーツの食材の組み合わせ方からインスパイアし、材料を液体にするための最善の方法を模索することで、美味しい飲み物へと昇華できます。

前作『ドリンクの教科書』では、「補助の存在としてのドリンク」という考え方を提案しました。本書『カスタマイズバイブル』ではさらに一歩踏み込み、ドリンク作りのアイデアを生む方法や食材を活かしたドリンクの作成方法のほか、それらの理論から生まれたレシピを紹介していきます。

Part 1

オリジナルドリンクの
作り方と理論
How to make Soft Drinks & Theory

Part 2

コーヒー&ミルクの
ソフトドリンク
Coffee & Milk Soft Drink

Part 3

お茶とハーブの
ソフトドリンク
Tea&Herb Soft Drink

Part 4

さまざまな食材の
ソフトドリンク
Various ingredients Soft Drink

Drink Textbook Contents

Part 5

フルーツ素材の
ソフトドリンク
Fruit material Soft Drink

Part 6

食事代わりになる
ソフトドリンク
Substitute food Soft Drink

作り方やアレンジの疑問を解決! / Drink Q & A

やりがちな失敗やオリジナルドリンクを考えるときのポイントなど、ドリンクを作るうえで
知りたい情報をまとめました。知識をしっかり覚えて、美味しい飲み物作りに役立てましょう。

砂糖やフルーツの甘味では、
いまひとつイメージした味に整いません。

A

「甘味」の種類を知りましょう。

"糖類"と一口に言っても、砂糖だけでもさまざまな種類
があります。甘さの質や、仕上がりの色味などを把握し
て、上手に活用することでイメージに近づけることができ
ます。表現したい甘さや、ベースになるドリンクとの相性
を知ることが大切です。

▶ 詳しくは p.014『糖類びで甘味に差をつける』へ

味にさらに深みをプラスしたいのですが、
淹れ方や材料選びのほかに
こだわるべきポイントはありますか?

A

**口当たりや、見た目からも
味わいは変わります。**

味は飲んだときの舌への当たり具合にも影響されます。舌
触りは、グラスの厚さに大きく左右されるため、グラス
による味覚効果の違いを知りましょう。また、見た目も
味に関わる要素になります。

▶ 詳しくは p.018『グラス・飲み口による
味覚と視覚の効果』へ

日本茶や中国茶、台湾茶のおいしい
淹れ方を見ると一煎目は低い温度で、
二煎目は高温でと言いますが、なぜですか?

A

旨味成分を充分に抽出するためです。

旨味成分であるアミノ酸が抽出できるのが低温なので、一
煎目を低温にすることで十分にアミノ酸を出します。二煎
目から渋みの元であるカテキンを多く抽出するために、温
度の高いお湯を使用します。

▶ 詳しくは p.046『温度帯による抽出を利用したアレンジ』へ

手順通りにアイスティーを作ったら、
なぜかにごってしまいました。

A

**「クリームダウン」が起きたため、
にごったと思われます。**

紅茶ポリフェノールとカフェインが冷やされることで結合
し、白く濁る現象です。茶葉や抽出温度を調整することで、
予防することができます。

▶ 詳しくは p.047『クリームダウン』へ

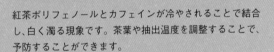

近年、乳アレルギーのお客様からのリクエストを受ける機会が増えています。
お店では豆乳に変更して提供しているのですが、メニューによっては
味がイマイチになってしまうものも……。豆乳以外に代用できるものはありますか?

A

ミルクの選択肢を増やして、ドリンクにあったセレクトを心がけましょう。

ミルクの代わりに豆乳を代用するのはスタンダートなやり方
ですが、ベースの飲み物によっては、ほかのプラントベース
ミルクを使った方が良い場合があります。植物性の原料か
ら作られたプラントベースミルクはさまざまな種類があるの

で、レシピに合わせて相性の良いものをセレクトしましょう。

▶ 詳しくは p.030『ミルクの種類とプラントベースミルク
の作り方』へ

Q & A *Drink*

Q 材料としてフルーツを仕入れていますが、原価が高くなったり、ロスが多かったりで悩ましいです。上手な運用のコツはないでしょうか。

A フルーツの完熟過程を把握し、状態にあった活用をしましょう。

材料の仕入れから完熟、廃棄までの変化過程を理解し、それぞれのタイミングに合わせた活用をするのが◎。お店に合った使い方を考えましょう。たとえば新鮮なフルーツを使ったこだわりのメニューとして、高い金額で販売すれば購買に繋がりやすくなり、他店との差別化ができます。完熟具合がわかれば、ロス前に状態にあった加工を施すことも可能です。

▶ 詳しくは p.084『店ごとのフルーツの選び方』

Q お客様に求められるオリジナルドリンクを作りたいです。おさえるべきポイントを教えてください。

A まずはコンセプトを決めましょう。

「通年で売りたい」や「旬のものを使った季節商品にしたい」、「見た目でインパクトのある商品にしたい」など、お店の中でどのような位置づけの商品にしたいのかを考えましょう。そこに自分の経験（アイデア）を掛け合わせていくと、完成形が見えてきます。また、食事やスイーツと合わせて提供するのであれば、味覚のバランスを重視して味や香りを設定していくと良いでしょう。

▶ 詳しくは p.010『ドリンクメニューの発想・構成の仕方』、p.020『四季ごとのドリンクのイメージ』、p.074『さまざまな食材とソフトドリンクの可能性』へ

Q もっとミルクにこだわって味に深みを出したいのですが、脂肪分や品種を調べて変えてみても納得できる味に仕上がりません。

A ミルクに甘さや香りをつけてみましょう。

ミルクの品種だけではなく、ミルク自体に変化を加えてみるとアレンジの幅が広がります。たとえばミルクの糖度を高めて甘みを引き出すことで、ミルク本来の風味を損なわずに、ドリンク全体の甘さを底上げできます。作りたいドリンクに合わせて、調整してみましょう。

▶ 詳しくは p.026『カスタムミルクとカスタムウォーターを活用する』へ

Q オリジナルのブレンドティーを作りたいと思っています。ブレンドのコツはありますか?

A 茶葉の特徴や香りを覚えて、目指す味と香りを目指しましょう。

ベースにする茶葉が持つ大まかな香りを把握して、ブレンドに活かしていきましょう。どんな味わいにしたいかを明確にしたうえで、ベースの茶葉と組み合わせる茶葉を決めていきます。また、食品用のエッセンスで香りを足すのもひとつの手段です。

▶ 詳しくは p.048『ティーブレンドでオリジナリティのあるお茶にする』へ

Q ジュースを作ろうと考えているのですが、ブレンダーでも作れますか?

A ブレンダーよりスロージューサーを使いましょう。

ブレンダーはスムージーや、フローズンドリンクを作るのに適した機械です。栄養価を無駄なく搾汁するのであれば、スロージューサーがおすすめ。器具の特徴やメリット、デメリットを学び、作りたいドリンクに適したものを選ぶようにしましょう。

▶ 詳しくは p.100『スロージューサーで栄養素の高いドリンク作り』、p.102『ブレンダーで作るスムージー』へ

How to make Soft Drinks & Theory

オリジナルドリンクの
作り方と理論

コーヒーや紅茶などドリンクの基礎を覚えたら、
自分なりのアレンジを加えて個性を演出してみましょう。
ベースの飲み物のほかに、
五感から受ける印象や材料の特徴を学びます。

Part1

ドリンクメニューの発想・構成の仕方

オリジナルのドリンクを作る際は、イメージから形成していく必要があります。
さらに、飲む人が「美味しい」と感じるドリンクにすることが重要になります。
コンセプトの組み方や、メニュー作りの考え方を覚えましょう。

イメージのかため方

ドリンクを作るには、しっかりとしたアイデアを持つことが重要です。無作為に材料を組み合わせても、味わいの良い飲み物にはなりません。どういったコンセプトで、どのような味をイメージしているのかを明確に固めてからドリンク作りに取り込むことで、美味しく仕上げることができます。右のチェック項目を埋め、コンセプトが決まれば完成形が見えてきますね。

客層のニーズを考える

Check

[イメージの決定に必要な8つの要素]

1. コンセプトの決定

2. シュチュエーション（お店の立地）

3. 売りたい相手（客層）

4. メニュー構成のどの部分にあたるのか
   （売れ筋、売り筋、見筋）

5. 材料の選定
   （定番、季節もの、限定メニューかなどの選択）

6. 液量・容器のサイズ・液体の濃さ
   （大きい容器なら薄め、少量の容器なら濃いめ）

7. 味覚
   （売りたい客層の求めているバランスに仕上げる）

8. 香り
   （香りがあると味が薄くても満足感が増す。）

9. 見た目や食感のアクセント
   （色味が単色かグラデーションか。トッピングなどの飾り。
   食感があるとアクセントになる）

お客の求めるものを把握することが必要です。たとえば、今ではさまざまなパン屋で販売されている「塩パン」ですが、港町のパン屋がパンを購入した漁師を見ていると、店先でパンに塩をふりかけて食べていました。仕事柄たくさんの汗を流して働いている漁師には、普通のパンでは塩味が物足りなく感じていたのだと気づき、塩を練りこんだ塩パンを開発します。結果、疲れた体にちょうど良い塩気のパンはヒット商品となりました。このように、自身が美味しいと思うものだけでなく、購買層が美味しく感じるということが重要です。今や塩入りの商品はドリンクでも多く販売されています。

飲む人の仕事や、飲むタイミングのほかに年齢層も参考になります。若い世代には苦味、酸味を抑え、甘くて写真映えする見た目のドリンクが売れやすく年齢が上がるにつれて甘さを抑え、素材を活かしたシンプルな飲み物の方が支持されます。同じ商品でも学生街か、ビジネス街かで甘さを調整するだけでも売り上げに繁栄されるはずです。

メニュー構成と比率

「売れ筋」、「売り筋」、「見筋」の３つで商品の内容を構成してみると、メニューのコンセプトがしっかりとします。

「売れ筋」とは定番商品のことです。通年通して売れるような、お店の商品の軸となるものを指します。「売り筋」は、今売りたい商品やおすすめ商品です。旬のものを使った季節商品や、利益率の高い商品などを使用することで注目を得られます。「見筋」は商品を見て、購入したくなるような見た目のインパクトがある商品です。利益に直結しなくても話題性や、目新しさを出したりすることで来客数が増える効果があります。見筋があることでほかの商品と比べてみるようになり、双方の魅力を引き立て合う効果が期待できます。それによって、売り上げにつながりやすくもなります。お店のイメージや、鮮度が上がるものをセレクトして見ましょう。

この３つをバランス良くメニュー構成にすると売れやすくなり、売り上げが安定します。理想の割合は、８（売れ筋）：２（売り筋＋見筋）です。

売りたい商品、見た目のインパクトのある商品は多すぎるとこだわりが薄れてしまうので、注意が必要です。

売れ筋
定番商品。通年でおける安定したもの。

見筋
見た目のインパクトや、話題性のあるもの。

売り筋
おすすめ商品や、旬のもの。季節限定品など。

理想の割合は **8：2**

売れ筋	見筋 売り筋

さまざまな経験がイメージにつながる

新しい商品を作るためには、さまざまな経験をすることが重要です。何故なら、アイデアとは経験したものと経験したものを掛け合わせたときに生まれるからです。

味や香りに関しても同じです。たとえばレモンを食べるとレモンの香りや酸味を認識し、これらを利用した商品開発を考えられます。しかし、レモンを知らなければ香りや味を活用するアイデアを発想することができません。さまざまな事柄を積み重ね、合わせることでイメージを作ることができるのです。

ドリンク自体のほか、合わせて食べる料理やスイーツについて知ることでも、考え方をプラスしていくことができます。

About Drink

②

料理やスイーツとの ペアリングを考える

食べ物と飲み物、それぞれ美味しさの追求をしていても、
合わせて飲食するといまひとつということがあります。それは各々の味や香りの特徴を把握し、
お互いの味わいを補い、引き立て合うよう組み合わせるフードペアリングが
できていないからです。相乗効果を学びましょう。

1皿で完成させない

NG
濃い料理 **+** 料理に負けないくらい 濃いドリンク **=** くどい 味わい

フードペアリングにおいて、料理やスイーツと飲み物を1皿と捉えて作り上げる考え方が、いちばん重要になります。日本では食べ物と飲み物のマッチングを目指した考えがまだ浸透していませんが、世界のTOPレストランでは、常に意識されているのが良くわかります。

料理がメインである場合、飲み物はあくまでメインを引き立てる補助的な役割になります。美味しい料理に、相性も良い飲み物を合わせることで2つの味わいが口腔内で一体化し、より美味しく感じさせる相乗効果を得られます。そうして完成された味のハーモニーで、感動が生まれるのです。そのためには、料理だけを単体の味つけで完成させず、合わせる飲み物も料理の1部として考える

ことが大切になります。

飲食するものを1皿として総合的に見るために、シェフやパティシエはドリンクのことを、ドリンクを作る側は料理やスイーツのことを知る必要があります。相互に合わせるものを知ることで、全体の完成度を高めることになります。まず食べ物と飲み物の両方を理解することが、ペアリングのアイデアを生み出すスタートラインです。

日本の料理やスイーツは、個別に味を完成させたものが提供されることが多くあります。各々の完成度は高いですが、飲み物とのペアリングをするとなると難しくなってしまうのが現状です。味わいのバランスを考慮した提案を広めて、日本の「美味しさ」を底上げする必要があります。

香りを引いてから足す **OK**

メイン 料理 **−** 香りの アクセント

+

香りのアクセントの ドリンク

香りをプラス **OK**

メイン料理の香り

+

メインにない 香りのドリンク

香りの補強 **OK**

メイン料理の弱い香り

+

メインと同じかつ 弱い香りのドリンク

日本で行われる
ペアリング

日本では各々で味を完結してしまいがちですが「ペアリング」という言葉がない時代から実践されているものもあります。それは寿司屋の食後に飲む上がりこと、熱い煎茶です。

本来、温度帯によって抽出エキスが変化する煎茶を美味しく飲む温度は 70 ～ 80℃です。低い温度だと甘味成分を、温度が高いとカテキンやカフェインなどが抽出されるため、程良い味わいになるのがこの温度とされています。しかし、寿司屋で出される煎茶は、高温で淹れられたものが提供さ

れています。カフェインは、外食による緊張を和らげるリラックス効果があります。

高温で淹れた煎茶から抽出されるカテキンは、ポリフェノールの1種であり、抗菌化作用や抗酸化作用があります。寿司は生の魚を食べるため、高温で抽出した煎茶を飲むのは理にかなった組み合わせといえます。さらに熱い煎茶を食後に飲むことで、口の中に残った魚の油分を溶かし流してくれるためさっぱりとした状態になります。

寿司屋での
ペアリング例

> 高温
> 抽出した
> 煎茶

カテキン
抗酸化作用・抗菌作用
→ **生魚を食べた後の
安心感**

カフェイン
緊張緩和
→ **食後の
リラックス効果**

食文化から
組み合わせを考える

食べ物と飲み物の組み合わせを考えるうえで、食文化について理解することも大事です。さっぱりした料理が多い国の飲み物は、濃い傾向があります。逆にこってりした料理がメインの国では、飲み物はさっぱりしたものが主流となります。自然と食文化の中で生まれているペアリングは、組み合わせを考えるときの参考になり、理論の理解を深めるほどに発想の源となるのです。

たとえば肉料理に赤ワインを合わせるのは定番ですが、理論としては肉の脂肪を赤ワインの渋味成分であるタンニンがさっぱりとさせ、さらに肉の香りを補う効果があるため浸透しているのです。それは身体が自然と受け入れ、美味しく感じる感覚となっています。これらをふまえて学び、体感と実感を得ることでペアリングの発想に幅が生まれることでしょう。

糖類選びで
甘味に差をつける

「甘味」とひとことで言っても、さまざまな種類があります。砂糖から得られる甘さもあれば、
フルーツなど素材そのものの甘さもあり、それぞれ魅力的なものです。
ドリンクやイメージに合った甘味を見つけるために、それぞれの特徴を把握しましょう。

糖類を使い分ける

ドリンクに甘味をつけるうえで大切なのが、糖類選びです。砂糖の使用は、甘さをプラスするだけが目的ではありません。砂糖の種類を変えるだけで、味も見た目も劇的に変わるのです。味を深めるコクや香りづけをはじめ、さまざまなアクセントを加えられます。ドリンクにピッタリな種類の砂糖を見つけましょう。

甘味をつけたい

・グラニュー糖
・上白糖
・甜菜糖

コクをつけたい

・三温糖　　・黒糖
・キビ糖　　・種扇糖
・和三盆
・モラセスシュガー
・カソナード
・メープルシュガー
・ココナッツシュガー

香りをつけたい

・黒糖
・種扇糖
・モラセスシュガー
・カソナード
・メープルシュガー
・ココナッツシュガー

苦味をつけたい

・モラセスシュガー

ワンポイントアドバイス

グラニュー糖と上白糖は無臭で、白い結晶は溶かすと無色になるため、色をつけたくない場合に最適です。特に甘味を強くしたいときは、上白糖を使うのがおすすめ。糖液でしっとりとしているため、ショ糖よりも甘味が強くなっており、グラニュー糖よりも甘く感じます。
フルーツ系のドリンクであれば、種扇糖のフルーティーな香りと相性が良いですが、結晶の茶色でドリンクの色がくすみやすくなるので、注意が必要です。最終的なドリンクの仕上がりイメージも考慮して、砂糖を選びましょう。

色をキレイに見せたい

・グラニュー糖
・上白糖

糖類の種類

グラニュー糖

さとうきびや甜菜などの絞り汁を、精製することでできる。細かい粒状の結晶になる。

上白糖

結晶化するときに濃厚な転化糖液となじみ、表面に糖液が付着することで、グラニュー糖よりしっとり甘く感じる。

三温糖

上白糖やグラニュー糖を取り出した後に残る、糖蜜から作られる。味わいにコクが出るのが特徴。

甜菜糖

寒い地域で生産される「甜菜」から作られている。ショ糖であるオリゴ糖が多く含まれている。

黒糖

含蜜糖の一種でサトウキビの絞り汁を煮沸させ、濃縮させたもの。粉末と固形があり、黒褐色で強いコクがある。

きび糖

さとうきびの液を煮詰めて作る。黒糖より薄茶色で癖は少なく、カルシウムやカリウムなどのミネラルを多く含む。

種扇糖

さとうきびの液を絞り、種子島産の原料糖を合わせて精製する。メロンのような青々しい香り。

和三盆

砂糖黍の品種「竹糖」を使用。糖蜜を完全にとり除かない、自然本来の優しくまろやかな風味。

モラセスシュガー

廃糖蜜（モラセス）を配合することで、非常にしっとりしている。独特の苦味とキレのある甘さをもつ。

カソナード

さとうきび100%で作られ、茶色い結晶状をしている。ハチミツやバニラのような香りと、味わい深い甘さ。

メープルシュガー

サトウカエデなどの樹液を濃縮して精製するメープルシロップから、水分を取り除き結晶にしたもの。

ココナッツシュガー

ココナッツパームの、花芽の茎にある樹液を煮詰めて凝縮したもの。優しい甘さでクセが少ない。

④ トッピングで
食感や味覚のアクセントをつける

飲み物にトッピングをプラスすることで、食感をつける効果があります。
喉ごしの差以外に、ドリンクの食感に変化をつけることができます。

食感の種類

食べ物ではさまざまな食材で食感の楽しさを追加することができるのに対して、飲み物は「サラサラしている」、「とろみがある」、「シュワシュワしている」程度の感覚しかありません。
飲みものだけで食感を加えるのは、とても難しいことです。最近では日本でもトッピングを使用して食感を足すことで、「飲みながら食べる」という新しいジャンルのドリンクも見かけられるようになりました。
見た目が華やかになるだけでなく、カリッとした歯ごたえやもっちりとした食感と、香りを合わせることでドリンクの幅を広げることができます。

もちっ
カシス、クランベリー、リンゴ、ドライフルーツ（シトラスの輪切りなど）、ドライマンゴー、柚子皮、ベリー系のフリーズドライ、マシュマロ、タピオカ、白玉や求肥　など

カリッ
ポーレン、カカオニブ、アーモンド、ピスタチオ、クラッシュしたナッツ、キャラメリゼしたプラリネ　など

華やかさ：香り
ローズペタル、フレッシュのハーブ類　など

味覚：アクセント
韓国唐辛子、チョコレート、パウダースパイスなど

トッピング一例

もちっ

① ドライカベルネソーヴィニョン
赤ワインに使用される品種。深みのある色合いで酸味と渋さのバランスが良い。

④ ドライマンゴー
肉厚でもっちりとした食感。マンゴー本来の甘味が凝縮されている。

⑥ ドライクランベリー
抗酸化作用の高く。乾燥の際に砂糖などで甘味をつけていることが多い。

⑪ ドライアップル
リンゴをドライにすることで、自然の甘味と酸味が引き立つ。

華やかさ‥香り

② ドライ柚子皮
柑橘類のなかでも、すっきりと爽やかな酸味で、香りのアクセントとしても使いやすい。

⑤ ローズペタル
バラの花弁を乾燥させてまとめたハーブ。甘く上品な香り。

⑦ ドライオレンジ
甘味が非常に強く、酸味は控えめ。オレンジの味や風味が味わえる。

カリッ

③ ドライストロベリー
イチゴを乾燥させたもの。サクサクとした食感と、適度な酸味が楽しめる。

⑧ ピスタチオ
香ばしさのなかに、まろやかさがあるのが特徴。硬すぎない歯ごたえのナッツ。

⑩ ポーレン
ミツバチが集めた花粉を乾燥させたもの。必須アミノ酸などを含む自然食品。

⑫ アーモンド
歯ごたえと香ばしい香りが特徴。不飽和脂肪酸が多く、低糖質の優れもの。

⑬ カカオニブ
砕いて皮をとり除いたカカオ豆。ナッツのような歯触りと、チョコのような苦味や酸味がある。

味覚‥アクセント

⑨ チョコレート
カカオを原材料としたお菓子。種類によって甘さや苦味、コクがさまざま。

⑭ 韓国唐辛子
辛味が少なく、甘味や旨味が強い。風味も豊かで、料理などにとり入れやすい。

グラス・飲み口による 味覚と視覚の効果

「味わう」というのは舌で感じる味や、口内や喉で感じる食感以外からも情報を得て、
影響されています。ドリンクの味や合わせるものにより、
視覚効果や量のバランスを整えましょう。

味覚効果

グラスは形状や厚さにより飲む際の舌に当たる部分と、そのあたり方で味わいが変わります。たとえばスッキリ感じさせたいのなら、舌に液体が鋭利に当たるカクテルグラスにすることで、直線的な味わいになります。甘く感じさせたい場合は、丸みのある陶器にすると口当たりがソフトになるので、トロミがあるようにマイルドな印象を与えることができます。

視覚効果

ドリンクの見た目は、飲む前のイメージを作るためとても重要になります。薄くて背の高いグラスなのか、丸くて厚みのあるグラスなのかなど、視覚情報で印象に影響するためです。見た目から感じる感覚を、視覚効果といいます。量が多く入るグラスでも厚さが薄いとスッキリした感じに見え、量が少なく、縁の厚いものは、濃い味わいを連想させます。

量のバランス

たくさんの量が入るグラスに濃いドリンクを入れても、飽きがきてしまい最後まで美味しく楽しめない場合が多いです。逆に、スッキリとした味わいのドリンクをあまり容量のないグラスに入れても、物足りなさを感じてしまいます。グラスの特性と飲み物の特徴を把握し、ちょうど良いバランスに調整する必要があります。

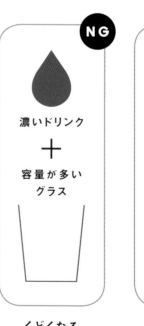

濃いドリンク
＋
容量が多い
グラス

くどくなる

スッキリドリンク
＋
容量が少ない
グラス

満足できない

グラスの厚みや口当たりの差

カクテルグラス

ストレートに液体が舌に当たり、鋭利な印象を与える。

ワイングラス

薄い飲み口でドリンクを感じやすい形状。

味覚

鋭利 Ⓐ Ⓓ Ⓑ Ⓔ Ⓒ マイルド

視覚

濃い Ⓐ Ⓒ Ⓑ Ⓔ Ⓓ スッキリ

陶器

柔らかな曲線に、厚みのあるフチで優しい舌ざわりに。

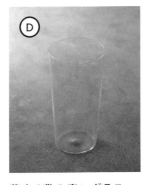

薄くて背の高いグラス

容量も多いが、フチが薄い分鋭く飲み物を味わえる。

丸くて厚みのあるグラス

背が低く、しっかりとした厚さでどっしりとした味を楽しめる。

ストローの役割

吸い込むときに、「吸う」という指令が脳へ行きます。鍛えることを考えながらトレーニングをすると筋肉がつきやすくなるように、「吸う」ことでグラスで飲むより味も濃く感じ、栄養素を吸収しやすくなります。栄養ドリンクについている細いストローも、栄養素を吸収させやすくするためです。

About Drink

6

四季ごとの
ドリンクのイメージ

Spring 春 3〜5月

冬の寒さを抜け暖かくなることで、緑や淡い色の花が増え、フレッシュな香りが広がる季節。メインドリンクは、青々とした優しい香りと似たもので合わせましょう。お茶などは、キリッとした苦味のあるものが美味しく感じます。もしくは香りを活かすように、夏ミカンやいよかんといった柑橘系の爽やかな香りと組み合わせると、苦味を上手く引き立たせられます。

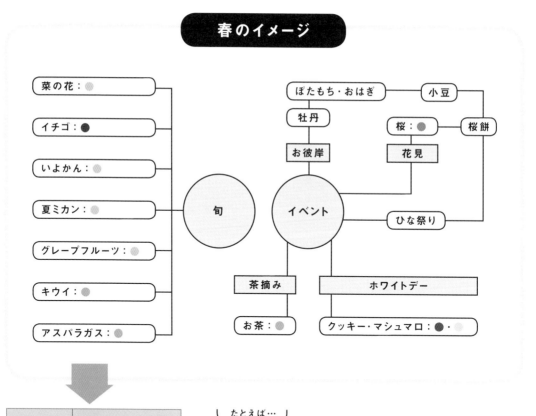

春のイメージ

菜の花：◎

イチゴ：●

いよかん：◎

夏ミカン：◎

グレープフルーツ：◎

キウイ：●

アスパラガス：●

旬

ぼたもち・おはぎ ─ 小豆

牡丹

桜：◎ ─ 桜餅

お彼岸

花見

イベント

ひな祭り

茶摘み

お茶：●

ホワイトデー

クッキー・マシュマロ：●・◎

	ドリンクイメージ
カラー	淡い色、緑系：●
香り	青々とした香り
味覚	苦味、渋味

たとえば…

抹茶白ごまココナッツシェーク……………P51
抹茶のアイスカプチーノ……………………P53
季節の緑茶（桜）……………………………P53
緑茶ミントソーダ……………………………P54
など

オリジナルのドリンクを考えるとき、最初にしっかりイメージをかためることが
良いメニュー提案につながります。どのように発想しアイデアを練るのか、
四季ごとの考え方を例にご紹介します。

Summer 夏 6～8月

太陽光が強いため、植物は紫外線から守るため酸味が強くなり、色彩、香りが豊かになる時期。暑さから味の濃いものより、さっぱりとした食事や体を冷やすために発汗させるスパイスの効いた料理を求めやすくなります。水分量の多い野菜や酸味のある食材が好まれるため、水分量が少なく濃いドリンクを合わせると美味しく感じます。

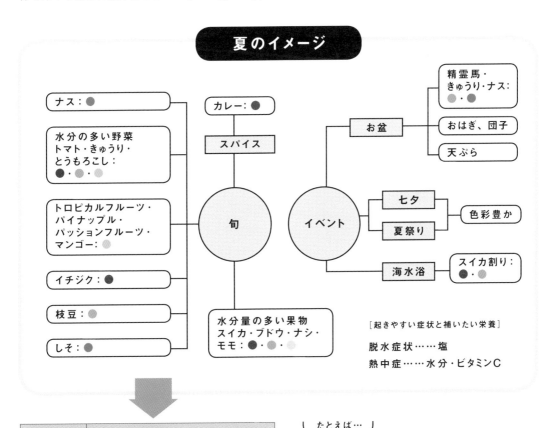

夏のイメージ

	ドリンクイメージ
カラー	ビビッドカラー：●
香り	フローラル、甘酸っぱい、スパイシー
味覚	瑞々しい、酸味、塩味

たとえば…

碧螺春トニック ……………………………… P56
パッションジャスミンティー ………………… P62
ベルガモットラムネ ………………………… P92
タイレモン＆レモングラス＆タイティー ……… P95
日向夏＆レモンのレモネード ………………… P97
など

Autumn 秋 9〜11月

フルーツはより甘くなり、土の中の野菜や木の実なども旬を迎え、1年の中で甘味の強い食材が揃います。ドリンク単体では甘味を活かした、スイーツ系ドリンクが美味しく感じるタイミング。キャラメリゼのような香ばしさをプラスすると、全体の味が引き締まります。甘味の強い食事と合わせるドリンクは、苦味や酸味でバランスをとりましょう。

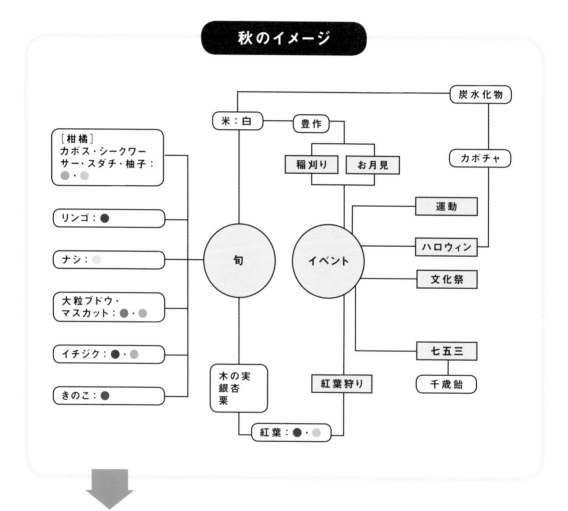

秋のイメージ

	ドリンクイメージ
カラー	黄色、暖色：◐・●
香り	蜜のような甘い香り
味覚	甘味

たとえば…

シャインマスカットとカベルネソーヴィニョンのウーロン茶 ‥ P58
栗の甘露煮モンブラン＆ほうじ茶 ……………………… P81
柿＆カベルネソーヴィニョン ………………………… P86
シャインマスカットエルダーフラワーティー ……………… P89
カベルネソーヴィニョンオレンジ …………………………… P90
など

Winter 冬 12〜2月

体を温める根菜が出回り、料理の塩分が高く濃くなります。牛乳の脂肪分も夏に比べて高くなるため濃い味つけの料理が主流になり、ドリンクはさっぱりしたものが好まれます。根菜は優しい土の香りがするので、スッキリとした優しい香りと相性抜群。また、旬のイチゴや柑橘類の酸味のある香りが、より美味しさを引き出します。

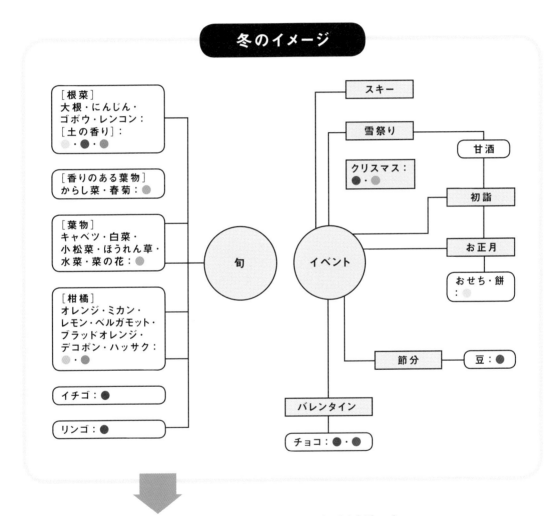

冬のイメージ

	ドリンクイメージ
カラー	白色：
香り	土の香り、イチゴや柑橘の酸っぱい香り
味覚	酸味

たとえば…

ルイボスジンジャーティー ……………………P67
オイスターバニララテ …………………………P80
豆乳汁粉ラテ ……………………………………P82
生胡椒ホットチョコレート ……………………P82
センガセンガーナバニラシェーク ……………P88
など

ドリンクは
イメージから作る

Drinks Come from your imagination

相関図を作る

ドリンクを作るには、P.10 で紹介したチェック項目と並行して、まず相関図を考えるとイメージが湧きやすくなります。イベントや季節、旬などから組み立てたり、材料や色、味わい、香り、液量、アクセントなどを季節や客層に合わせることで、完成がイメージしやすくなります。

季節によって気温や旬が変わるように、美味しいと感じる味も変化します。たとえばドリンク単体を楽しむ場合、暑い夏はさっぱりとした清涼感のあるドリンクが好まれ、寒い冬はこっくりと濃厚で温まるものが支持されます。タイミングに合ったニーズを理解し、ぴったりのメニュー提案を心がけましょう。P.20〜23 では、季節ごとに連想されるものと求められるニーズについて例としてまとめました。参考にしながら、自分らしく相関図を作ってイメージを明確にしてみましょう。

合わせる相性

「食事と合わせる」、「スイーツと合わせる」など、ペアリングでドリンクを考える場合は、食べ物と飲み物それぞれの特性を理解し、相性を考える必要があります。たとえば、さっぱりした食事に、同じくさっぱりとしたドリンクを合わせてしまうと、味覚にメリハリが生まれず、物足りなくなります。反対に濃い食事に味が負けないような濃い

ドリンク、スパイスの効いた食事にスパイスを効かせたドリンクと合わせても、味がくどくなり途中で飽きてしまいます。

スパイスは発汗作用で汗を流し、体を冷やすのに効果的です。そのためインドなどの暑い国では、カレーなどスパイスの効いたものが好まれます。しかし、カレーを食べて辛さだけがいつまでも口に残ると、次も食べたいと思えなくなり、食が進まなくなります。そこで合わせて食後などに飲まれることが多いドリンクが、辛さを和らげるヨーグルトドリンクことラッシー。刺激を和らげるホエイの効果により、スパイスとヨーグルトそれぞれの味わいをより美味しく楽しむことができるのです。

「美味しい」という感覚は、味覚だけでなく体でも自然と感じるものです。濃くて美味しいドリンクでも、一度に飲みきれない量を提供されると「また飲みたい」と思えなくなります。そのため量や見た目などの組み合わせるバランスも意識して考えましょう。

また、味覚の成熟度によって味の感じ方も異なるので、甘味を好む世代にはミルクなどを合わせた甘いドリンク、甘さを好まない世代はブラックコーヒーにするなど、年齢層に合わせた味のセレクトも重要になります。

飲む人の年齢層や、食生活などから求められているものを推測し、イメージしながら、味覚のバランスに合わせてメニュー開発をしましょう。

Coffee & Milk Soft Drink

コーヒー&ミルクの
ソフトドリンク

定番のコーヒーと牛乳を使用したドリンクを紹介。
ミルクの加工や、水以外の抽出方法などを活用して、
新たな味わいを引き出すことができます。

Drink Textbook

Part2

カスタムミルクと
カスタムウォーターを活用する

コーヒーや紅茶を抽出する水や、飲み物と混ぜるミルクにもこだわりが必要です。
品質も大事ですが、水やミルク自体に変化を与える手法を覚えると、
ドリンクの幅が大きく広がります。

カスタムミルク

牛乳を一度冷凍し、解凍することで甘みを生み出すカスタムミルクという方法があります。近年バリスタの大会などでも、よく目にすることが増えました。

完全に凍らせた牛乳は水分以外のたんぱく質や脂肪分、糖分などの成分から先に溶けていきます。その特性を利用することで牛乳中の水分を取り出し、濃度の強いミルクになります。約60%程度の液量まで溶けた頃が、氷をとり除く目安です。凍結還元され、水分が除去できたミルクは、非常に糖度が高くなります。強度の高いエスプレッソや、苦味の強い抹茶を使用したミルクビバレッジに使うことで程良いバランスがとれ、インパクトのある仕上がりになります。

［牛乳を冷凍］

水分を除くことで、
甘さを濃縮したミルクになる。

○…水
□…たんぱく質
△…脂肪分
×…糖分

溶ける

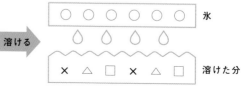

氷

溶けた分

ミルクのフリーズ
ディスティレーション

① 牛乳を冷凍庫に入れ、完全に凍らせる。

② 凍った牛乳をパックからとり出し、ザルにのせる。ザルを受ける容器にのせ、自然に溶けるのを待つ。液量が全体の約60%まで溶けたら、ザルに残った氷を捨てる。

※溶かしているときに、異物混入を防ぐためにラップなどで全体をカバーする。

［凍結融解法］

カスタムウォーター

水の種類

一般的には日本の水は軟水であり、ヨーロッパなどでは硬水であることがほとんどです。水質は土地や季節によって変動し、水道水では塩素や水道管のサビなどといった含まれることもあります。水質を占める指標にはpHや硬度といったものがあり、硬度はマグネシウムとカルシウムの含有量を指します。WHO（世界保健機構）の基準では、硬度が120mg/1以下を「軟水」、120mg/1以上を「硬水」とされています。一般的に含有量が少ない軟水にはエキスが溶け込みやすく、含有量の多い硬水にはエキスが溶け込みにくい特徴があるので、

コーヒーや紅茶を淹れるのには軟水が最適です。また、マグネシウムとカルシウムは総硬度の中でも永久硬度と呼ばれ、煮沸ではとり除けない成分となっています。近年の検証では、マグネシウムの比率が多いとフレーバーやアシディティに影響し、カルシウムはコーヒーのボディに良い影響を与えるといわれるようになりました。そのため、バリスタの大会では純水を基準にマグネシウムや、カルシウムを加えて強化したカスタムウォーターを使用し、コーヒーを抽出することが増えています。

作る際のポイント

マグネシウムやカルシウムを溶かした水は酸性になるため、pHを調整する必要があります。pHとは、水中の水素イオン濃度を表したものです。つまり、水が酸性かアルカリ性を表しています。pHは1～14まであり、pH1は酸性、pH7は中性、pH14はアルカリ性です。
カスタムウォーターを作る際は、バッファーとなる溶液（重曹）を加えてアルカリに調整し、アシディティ（酸味）のバランスを整えます。また、

硬度の計算はカルシウム（Ca）とマグネシウム（Mg）などのミネラルにそれぞれ係数をかけ算した値の合計となります（下記の計算式参照）。
厳密にカスタムウォーターの作成を行うと、複雑な計算や手順が必要となりますが、お好みの軟水や市販の蒸留水にマグネシウムやカルシウム量が多い硬水を少量加えるといった簡単なカスタムから試してみるだけでも充分味わいの変化を楽しめます。

$$\frac{硬度(CaCO3)mg}{1} = \left(\frac{カルシウム(Ca)mg}{1 \times 2.5}\right) + \left(\frac{マグネシウム(Mg)mg}{1 \times 4.1}\right)$$

異なる素材から 成分を抽出する

紅茶やコーヒーのエキスを抽出する液体は、水やミルクだけではありません。
エキスが溶け込む余地のある飲み物であれば、抽出しドリンクとして楽しむことができます。
抽出先を変更するだけで、大きく変化する味わいを試してみて。

コーヒーの抽出

コーヒーなど、本来水で抽出を行っているものを水以外の飲料で抽出する方法があります。
エキスの抽出において水は重要であり、水に不純物が含まれていると抽出が阻害されやすくなってしまいます。そのため、水の代わりにする飲料も主成分がエキスを抽出できる水分であるものを選びましょう。それらの条件を満たしているのは、

牛乳やジュースなどになります。
コーヒーを水で抽出し、牛乳で割ることでカフェオレやカフェラテといったドリンクができています。抽出する水を牛乳に代える場合、牛乳に直接コーヒー豆を漬け込むことで香りを移します。水で抽出したときよりも牛乳の質感を活かした、ホワイトカフェオレを作ることができます。

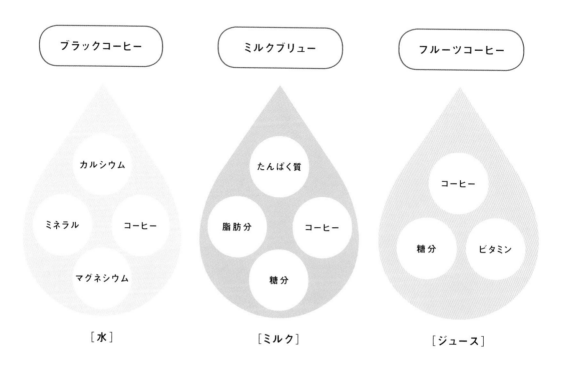

ブラックコーヒー
カルシウム
ミネラル　コーヒー
マグネシウム
［水］

ミルクブリュー
たんぱく質
脂肪分　コーヒー
糖分
［ミルク］

フルーツコーヒー
コーヒー
糖分　ビタミン
［ジュース］

ジュースとコーヒー

ジュースとコーヒーを組み合わせる場合は、コーヒーのフレーバープロファイルや特徴に合わせて、フルーツジュースなど同系統のものを合わせると、まとまりが良いです。

抽出の際はジュースの濃度や酸味、甘味のボリュームに留意し、ジュース自体の配合の調節や

コーヒーの粒度、浸漬時間を調節するなどでバランスを見極めましょう。また、水以外の素材で抽出を行うときは、焙煎香は抑えめでフレーバーに特徴があり、酸や甘味の印象が良いクリーンなコーヒーを使用するのがおすすめ。

［ジュースとコーヒーの組み合わせ例］

豆	ストーンフルーツ（ピーチやライチ）の香りのするエチオピアのウォッシュドプロセス

＋

ジュース	ピーチネクター、ライチジュースのミックス

豆	柑橘系の印象があるケニア

＋

ジュース	オレンジ、グレープフルーツのミックス

豆	フルーツトマト感のあるケニア

＋

ジュース	オレンジジュース、トマトジュースのミックス

［浸漬法での抽出］

① 挽いたコーヒー豆を、だしパックに入れる。

② 飲み物に入れて沈め、エキスを抽出する。

お茶とコーヒー

ドリップしたコーヒーで、ほうじ茶を抽出する方法もあります。茎の部位を多く含んだ旨味の強いほうじ茶より、しっかり焙煎香のするほうじ茶の方がコーヒーと合わせやすくおすすめ。

まず、ドリップをメタルフィルターでおこない、コーヒーのオイルまで濃厚に引きだします。このとき、コーヒー自体で適正な抽出が行われている必要があります。合わせる素材の個性によって、コー

ヒー自体の強度を調整しましょう。抽出が終わったらすぐにほうじ茶を加え、浸漬します。4分程経ったら、フィルターを使ってろ過。お好みで砂糖を加えてミルクと割れば、ほうじ茶の香りのするカフェオレになります。カクテルでよく使われるインフューズの技法は、ノンアルコールでも使用することができます。好みの素材や抽出法で、相性の良い組み合わせを見つけていきましょう。

About Drink
9

ミルクの種類と
プラントベースミルクの作り方

飲み物を作るうえで、ミルクも牛乳だけではありません。
種類豊富なミルクを使い分ければ、テイストの選択肢が増えるだけでなく
アレルギーを持つ人への対応もしやすくなります。

プラントベースミルク

プラントベースミルクとは、植物性の原料から作られた牛乳の代替え品のことです。乳糖不耐性や乳アレルギーで牛乳が飲めない人や、乳製品を摂取しないヴィーガンの人も安心してとり入れることができます。また、牛乳を確保する畜産業は関連産業も含めると温室効果ガスの排出が高いとされており、環境面からもプラントベースミルクは注目されています。

Plant Based Foods Association の調査によると、アメリカでは飲用乳市場全体に占めるプラントベースミルクの割合が伸びている、というデータが出ています。牛乳以外のミルクの選択が、浸透してきてるといえるでしょう。
原料は多様で、大豆や米、麦類、アーモンド、ココナッツなどのナッツ系のミルクもあり、飲料のレシピ可能性を広げてくれます。

ナッツミルク作り

材料

ナッツ（好みのもの）············200g
塩·······································少々
水·······································800g
デーツシロップ
（お好みの甘味料）·················20g

※ナッツに対して水が1：3〜1：5となるような比率で、ドリンクに合わせて濃度を調節する。

ボウルにナッツを入れ、全体が浸るように水（分量外）に浸す。塩を入れ、常温で12時間程度おく。

種などの場合は6時間程度浸す。夏場は冷蔵庫保存も可。水に浸すことで、滑らかな質感になるとともに、タンニンなどの渋味成分を軽減し、酵素阻害物質やフィチン酸などの栄養吸収を阻害する物質を、減少させる役割もある。

ザルにあげ、水とデーツシロップと合わせてミキサーに入れ、攪拌する。滑らかな質感になったらナッツミルクバックに入れて、両手で絞るようにしてこす。
※密閉容器に入れて保存する。賞味期限は3〜5日程度。

ミルクの種類

ソイミルク

豆乳（ソイミルク）は粘性やプロテイン（たんぱく質）と
脂質の配合などが牛乳に近く、代用としてよく使われる。
カルシウムとカリウムが豊富かつ、ライトなテクスチャー
とマイルドな味わいで、多くの牛乳ベースの飲料にあまり
変化を感じずに使うことが可能。成分無調整のものも多く
存在し、特有の豆っぽい香りが強いものもある。スムージー
などでは、野菜やフルーツと組み合わせると扱いやすいの
が特徴。煎茶や抹茶など、青みのある素材ドリンクとも相
性が良い。メルボルンの BONSOY といった、コーヒーに
合わせて調整されたソイミルクも存在し、多くのコーヒー
ショップで昔から使用されている、最も有名なプラント
ベースミルク。

ソイミルク

アーモンドミルク

アーモンドを数時間水に浸し、粉砕した後に水を加え、こ
して作られる。ビタミンやミネラルが豊富で、牛乳や豆乳
に比べて低カロリーなのが魅力。さらにカルシウムが豊富
で、飲みやすい。アーモンド由来の香ばしい香りや甘味が
あるので、コーヒーやほうじ茶など焙煎香のあるものとも
相性が良い。アーモンドアレルギーの人は摂取することが
できないが、近年では気軽に買えるようになってきている。
アーモンドブレイズといった、コーヒーに合わせて調整さ
れたものもあり、コーヒーショップなどで多く使用されて
いる。

アーモンドミルク

オーツミルク

有機オーツ麦で作られた植物性のミルク。食物繊維が豊富
で糖質が少なく、オーツ麦の香ばしいコクと風味、穀物の
すっきりとした甘味がある。イギリスのマイナーフィギュ
アズ社のものなど、バリスタ専用のオーツミルクが多く開
発されており、牛乳のようにスチームしてきめ細かい泡を
作れる。また、コーヒーとの相性が良いことからコーヒー
ショップでも人気となり、近年ソイやアーモンドに代わり
よく見かけるようになってきている。さらにコーヒーだけ
でなく、ほうじ茶などの焙煎香のある食材などとも相性◎。
生産工程において、乳やほかの代替え品よりも必要な水の
量が少ないため、環境への影響も少ないとされ、持続可能
性の面でも注目されている。

オーツミルク

Point

直接火にかけて煮出すことで、コーヒーの成分を強く引き出せる。

材料（ドリンク1杯分）
牛乳 ……………………… 150g
コーヒー粉（粗挽き）……… 15g
オレンジ（果汁）………… 30g
練乳 ……………………… 10g
生クリーム（8分立て）… 30g
オレンジピール ………… 少々

Hot

1. 鍋に牛乳を入れる。
2. 80℃まで温めたら火からおろし、
   コーヒー豆を入れて3分おく。
3. オレンジの果汁を入れ、
   再度火にかける。
   ネルフィルターでこしながら、
   カップに注ぐ。
4. 練乳を加えて混ぜ、
   生クリームをのせる。
   オレンジピールを削りかける。

ターキッシュカフェオレ

煮出し式で淹れた、味わい深いカフェオレ。
オレンジと練乳を加えることで、エキゾチックな趣を楽しんで。

BACE

コーヒー

Hot

BACE

コーヒー

Hot

バージン
アイリッシュコーヒー

ノンアルコールで作るアイリッシュウィスキー。
生クリームにもスパイスやコーヒーを加えることで、
一口目からインパクトを。

材料（ドリンク1杯分）

ノンアルコールウィスキー（NEMA）	30g
きび砂糖	20g
エスプレッソ	30g
生クリーム	20g
シナモン	0.3g
ナツメグ	0.3g
コーヒー（粉）	1g
お湯	130g
ウィスキー漬けレーズン	3g

Hot

1. ウィスキーを加温する。
   火にかけられない場合は、
   湯煎で温める。
2. グラスにきび砂糖を入れ、
   加温したウィスキーを加え混ぜる。
3. 2のグラスにエスプレッソを入れ
   お湯を注ぎ、濃いめの
   アメリカーノを作る。
4. 生クリームにシナモンと、
   ナツメグ、コーヒー粉を加え、
   フローサーで6分立てに、
   泡立てる。
5. 3のグラスにスプーンで
   静かにフロートする。
6. レーズンをのせ、コーヒーの粉
   （分量外）をふりかける。

Point

ミルクを泡立てるのに最適な、ナノ
フォーマーを使用。

ピッチャーに生クリームとスパイ
ス、コーヒーを入れ、6分立てにする。

Part 2 ── コーヒー＆ミルクのソフトドリンク

033

エスプレッソ
マンゴーシェイク

完熟のマンゴーの甘さと濃厚なエスプレッソが、
チョコレート感を演出。トロピカルだが、
通年飲めるデザートドリンク。

BACE

コーヒー

Cold

材料（ドリンク1杯分）
エスプレッソ................30g
冷凍マンゴー................40g
牛乳（成分無調整）........100g
バニラアイス................30g
氷 2個
マンゴー......................3g

Cold

1. エスプレッソを抽出する。
2. ブレンダーに冷凍マンゴー、牛乳、
   バニラアイス、氷、エスプレッソ半量
   （15g）を入れ、攪拌する。
3. グラスに注ぎ、少し山になるように
   盛りつける。
4. 上から残りのエスプレッソを注ぎ、
   ダイスカットしたマンゴーをのせる。

オレグラッセ

カスタムミルクを使って、濃厚に仕上げた一品。
冷凍濃縮したミルクを使うことで
シロップ量を減らしてもキレイな層になる。

BACE

コーヒー

Cold

材料（コーヒーゼリー）
牛乳（冷凍濃縮）……………80g
シュガーシロップ ……………10g
アイスコーヒー ………………60g

Cold

1. グラスに牛乳を注ぎ、
　 シュガーシロップを加えて
　 濃度を上げる。
2. 濃いめに抽出したアイスコーヒーを、
　 スプーンを使って静かにフロートする。

Point

スプーンを使用し、静かに注ぐこと
で層にしていく。

BACE

コーヒー

Cold

材料（ドリンク1杯分）

ミルクブリュー ……………………… 200g
レモン（果汁）……………………… 20g
デーツシロップ ……………………… 5g

Cold

1. ミルクブリューにレモンを、
   数回に分けて注ぎ加える。
2. 少し待ち、分離が始まってきたら
   マドラーなどを使い、
   ゆっくりと攪拌する。
   早くかき混ぜるとうまく分離しない
   ため要注意。
3. 分離させた**2**の溶液を
   ペーパーフィルターを使ってこし、
   清澄化する。
4. デーツシロップを入れ、クエン酸を
   和らげて、味のバランスを整える。
   コーヒーベースの場合、
   コクのあるきび砂糖や、
   デーツシロップがおすすめ。

ミルクブリュー
ウォッシュ

透明感を楽しむカフェオレ。
クエン酸を加えて清澄化することで、
コーヒーの香りと乳感のある
不思議な飲み物の完成。

Point

1

牛乳にコーヒーを入れただし袋を浸
して、ミルクブリューを作る。

2

レモン果汁を加えてゆっくり攪拌
し、カード（固形）にしていく。

3

ドリッパーなどを使い、フィルター
でこす。

BACE

コーヒー

Cold

コーヒー
チェリーソーダ

コーヒーの果肉部分であるカスカラを使った、
サスティナブルな一杯。
アンズや小豆のような香りで、爽やかに仕上げる。

材料（カスカラシロップ 約10杯分）

水	200g
カスカラ	20g
きび砂糖	100g
レモン（果汁）	30g

1. 鍋に水とカスカラを入れ、
   火にかけ5分煮立たせる。
2. 火を止め10分浸ける。
   きび砂糖とレモンを加え、
   氷に当て粗熱をとる。

材料（ドリンク1杯分）

カスカラシロップ	30g
ソーダ	120g
コールドブリュー（浅煎りエチオピア）	50g
レモン（カット）	1切れ

Cold

1. グラスに氷（分量外）を入れ、
   カスカラシロップを注ぐ。
2. **1**のグラスに、ソーダを
   静かに注ぎ入れる。
3. 上からコールドブリューを注ぎ、
   レモンスライスを飾る。

Point

鍋でカスカラを煮出して、シロップ
にする。

Part 2 ── コーヒー＆ミルクのソフトドリンク

037

材料（ドリンク1杯分）

エスプレッソ	30g
コアントロー	5g
牛乳（冷凍濃縮）	100g
ダークチョコレート	2g
オレンジチップ（ドライ）	1枚

Hot

1. エスプレッソを抽出する。
2. コアントローを火にかけ、アルコールを飛ばす。
3. ミルクピッチャーに**2**のコアントローと牛乳、エスプレッソを注ぎ、スチームする。
4. カップに注ぎ入れ、チョコレートを削りかける。オレンジチップを飾る。

ショコラオランジェ

オレンジの香りのチョコレート菓子をイメージ。
素材を混ぜ込んでスチームすることで一体感を生み、
表面のチョコで甘さやほろ苦さを引きだす。

BACE
コーヒー
Hot

(Vegan OK)

コーン茶
アメリカーノ

アメリカーノのエスプレッソを割るお湯を、
アジアでよく飲まれているコーン茶に。
香ばしい香りとコーヒーの相性が抜群。

材料（ドリンク1杯分）
コーン茶 ……………………… 170g
エスプレッソ ………………… 30g

Hot
1. コーン茶を、熱湯で4分抽出する。
2. エスプレッソを抽出する。
3. エスプレッソに、コーン茶を注ぎ入れる。

BACE
コーヒー

Hot

Part 2 ｜ コーヒー&ミルクのソフトドリンク

039

BACE

コーヒー

Cold

テリヤキコーヒー
シェーク

醤油とみりんを使った、和製キャラメルシェーク。
黒胡椒を仕上げにふることで、全体を引き締める。

材料（テリヤキシロップ約6杯分）
白みりん················40g
日本酒··················40g
醤油····················40g
きび砂糖················60g

1. 白みりんと日本酒を鍋に入れ、
   煮立たせアルコール分を飛ばす。
2. 醤油、きび砂糖を加え
   焦げないように混ぜながら、
   濃度をあげる。
3. 氷（分量外）に器をあて
   粗熱をとり、冷やす。

材料（ドリンク1杯分）
エスプレッソ············30g
テリヤキシロップ········30g
牛乳···················100g
バニラアイス············30g
氷······················3個
黒胡椒··················適量

Cold
1. エスプレッソを抽出する。
2. ブレンダーにエスプレッソと
   テリヤキシロップ、牛乳、
   バニラアイス、氷を入れ、撹拌する。
3. グラスに注ぎ入れ、
   黒胡椒をふりかける。

材料（チョコレートベース7杯分）
ダークチョコレート（クーベルチュール）……120g
ミルクチョコレート（クーベルチュール）……60g
ココアパウダー………………………………20g
お湯…………………………………………100g

1. ダークチョコレートとミルクチョコレート、
ココアパウダーを合わせお湯を加え、
湯煎で溶かしながらよく混ぜ合わせる。

スモーキー
カフェモカ

一見すると異色にも見える、
チョコレートとベーコンのコンビ。
絶妙な甘さと塩味がクセになる、
料理ではポピュラーな組み合わせ。

材料（ドリンク1杯分）
スモークベーコン……………………3枚
サラダオイル…………………………少々
チョコレートベース…………………40g
エスプレッソ…………………………30g
アーモンドミルク……………………120g

Hot

1. スモークベーコンを少量のサラダオイルを敷いた
フライパンで、カリカリになるまで焼く。
2. 焼けたベーコンを取り出し、
キッチンペーパーを使って余分な油を取り除く。
3. フライパンに残ったベーコンの油を1g程度、
チョコレートベースに加えて、混ぜ合わせる。
4. エスプレッソを抽出し、
チョコレートソースを加え、混ぜる。
5. アーモンドミルクを泡が多くなるようにスチームし、
カップに流し入れる。
6. 5の上から、4のエスプレッソを注ぐ。
7. 2のベーコンを細かくカットし、上に飾る。

BACE

コーヒー

Hot

みたらし山椒ラテ

みたらしのコクのある甘さと、醤油の芳しい風味。
アクセントに山椒をトッピングし、和テイストなラテに。

BACE

コーヒー

Hot

材料（みたらしソース）

醤油	15g
三温糖	30g
水	60g
片栗粉	6g

1. 鍋に醤油と三温糖、水で溶いた片栗粉を入れ、ダマにならないよう混ぜながら弱火にかける。
2. 白濁したタレにトロミがついて、粉っぽさが無くなるまで混ぜる。
3. 完成後冷ましておく。

材料（ドリンク1杯分）

みたらしソース	50g
エスプレッソ	40g
牛乳	140g
ホイップ	40g
山椒パウダー	少々

Hot

1. カップにみたらしソース30gとエスプレッソを入れて、混ぜ溶かしておく。
2. 牛乳をスチームミルクにし、1に注ぐ。
3. ホイップをのせ、残りのみたらしソースをかける。山椒パウダーをふりかける。

Point

鍋に醤油と、三温糖、水、片栗粉を入れる。

泡立て器でダマにならないようよく混ぜ、火にかける。

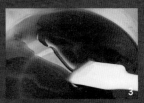

鍋底にゴムベラの跡が残る程度のトロミがついたら、火からおろす。

アイスココア
（シェークスタイル）

喫茶店のココアを現代風にアレンジした、
ネオクラシックスタイルのアイスココア。
シェークすることで、マイルドな口当たりになる。

BACE
チョコレート

Cold

材料（チョコレートベース8杯分）
ダークチョコレート
（クーベルチュール）……150g
ミルクチョコレート
（クーベルチュール）……50g
ココアパウダー……20g
お湯……100g

1. ダークチョコレートと
ミルクチョコレート、ココアパウダーを
合わせお湯を加え、湯煎で溶かしながら
よく混ぜ合わせる。

材料（ドリンク1杯分）
チョコレートベース……40g
牛乳……120g
生クリーム……20g
粉砂糖……適量
ダークチョコレート
（クーベルチュール）……1g

Cold
1. シェーカーにチョコレートベースと
牛乳を入れ、スプーンでよく攪拌する。
2. 氷（分量外）を入れ、シェークする。
3. グラスに注ぎ入れる。
4. 生クリームを8分立てにし、**3**にのせる。
粉砂糖をふりかけ、
削ったダークチョコレートで飾る。

by Tanaka

BACE
コーヒー

Cold

塩麹キャラメルラテ

塩麹で旨味のある塩味がミルクに
コクをプラスする、まろやかな塩キャラメルラテ。
結晶塩が食感にアクセントを加える。

材料（ドリンク1杯分）

キャラメルソース	50g
塩麹	5g
エスプレッソ	40g
牛乳	110g
ミルクフォーム	30g
結晶塩	ひとつまみ

Cold

1. キャラメルソース30gと塩麹、
　　エスプレッソを混ぜ合わせて、グラスに入れる。
2. ミルクフォームを作る。
3. **1** に氷（分量外）を入れ、牛乳を注ぐ
4. **3** にミルクフォームをのせて、
　　残りのキャラメルソースをかける。
　　結晶塩をふりかける。

by Katakura

(Vegan OK)

スキットルコーヒー

半日寝かせることで、味わいが和ぎマイルドな
コーヒーの完成。スキットルはくり返し
使用することで香りが移り、複雑な味わいに。

材料（ドリンク1杯分）

エスプレッソ	50g
水	150g

Cold

1. スキットルに抽出したエスプレッソと水を入れ、
　　冷蔵庫で半日寝かせる。
2. グラスに氷（分量外）を入れ、**1** を注ぎ入れる。
※スキットルは使用後水洗い（洗剤で洗わない）

BACE
コーヒー

Cold

Tea & Herb Soft Drink

お茶とハーブの
ソフトドリンク

お茶の淹れ方や風味による味わいの違いを把握し、
組み合わせることで個性を際立たせましょう。
幅広いお茶の種類を使い分け、より美味しく仕上げてみて。

Drink Textbook

Part 3

温度帯による抽出を利用したアレンジ

お茶は淹れるお湯の温度や抽出時間によって味わいや風味、
抽出でできる成分に違いがあらわれます。飲み口の変化をきちんと知ることで、
イメージしたオリジナルドリンクの味に近づけることができます。

ミルクビバレッジ

温度、抽出時間を理解することでドリンクに合うお茶の淹れ方が見えてきます。

スイーツのようなドリンクに合わせるなら、あえて高温抽出して苦味や渋味を出すことで、甘味を相殺してバランスがとれます。また、酸味や甘味のものに苦味を合わせることでも、五味の相乗効果で美味しくなります。

苦味を抑えたドリンクにする場合は、低い温度や水出しで抽出することで苦さを引き出す成分を抑えることができますが、代わりに香りが弱くなってしまいます。

お茶の味わいは、単体でひと口飲んだときに美味しい抽出を目指すのはもちろん、それとは別に合わせるフードによって量や濃さを調整すると、ワンランク上のドリンクになります。フードと合わせて完成したときの、全体のバランスを考えることが、美味しいドリンクに仕上がる秘訣です。

抽出温度と成分

※玉露は煎茶よりカフェイン量が2倍近く多いため、高温で抽出すると渋味や苦味が強くなる。60℃程度の温度でアミノ酸の抽出がピークになり、カテキンが抽出されずに旨味のあるお茶に仕上がる。
※ほうじ茶がさっぱりとして苦味が少ないのは、苦味のもとであるカテキン類やカフェインが焙煎時の高温加熱で減少しているため。

温度＼成分	テアニン	カフェイン	カテキン	香り
50度	玉露			
60度	玉露			
70度	上煎茶、緑茶			
80度	煎茶、花茶白茶、黄茶			
90度	白茶、黄茶、青茶			

高温で出やすい成分	
成分	味・特徴
エピカテキンガレート	渋味、苦味、強い抗酸化活性
エピガロカテキンガレート	渋味、苦味、脂肪燃焼効果
エピカテキン	苦味、強い抗酸化活性
エピガロカテキン	苦味、免疫力の向上、脂肪燃焼効果
カフェイン	さっぱりとした苦味、血流や運動能力の向上、ストレス緩和

温度が低くても出やすい成分（アミノ酸類）	
成分	味・特徴
テアニン	甘味、旨味、ストレス緩和
グルタミン酸	酸味、旨味、脳の機能の活性化、アンモニアの解毒、利尿効果
アスパラギン酸	酸味、利尿作用、疲労回復
アルギニン	苦味、甘味、成長ホルモンの分泌、疲労回復上、脂肪燃焼効果

紅茶ポリフェノール（紅茶、ウーロン茶など）	
成分	味・特徴
テアフラビン	カテキンが発酵してできる赤い色素。糖分の吸収を抑制する
テアルビジン	カテキンが発酵してできる赤い色素。抗酸化作用がある

※紅茶の成分は、カテキンの酸化によって変化したテアフラビンやテアルビジンなどを抽出している。

カテキン、カフェインが溶けだす

高

温度

低

アミノ酸類が溶けだす

クリームダウン

抽出した紅茶を氷で冷却してアイスティーを作ると、白く濁ってしまうことがあります。これは「クリームダウン」という現象で、紅茶ポリフェノールとカフェインが冷やされることで結合し、白く濁っているのです。クリームダウンを防ぐ方法は3つあります。ひとつはダージリンやキーマン、アールグレイなどのポリフェノールやカフェインが少ない紅茶を選ぶこと。ふたつ目は紅茶ポリフェノールが抽出されない温度帯での抽出、または水出しにすること。みっつ目はカフェインやタンニンの結びつきを阻害する砂糖を、液体の5〜10%ほど入れる方法があります。

ティーブレンドで
オリジナリティのあるお茶にする

茶葉の香りや風味を組み合わせて、オリジナルのブレンドティーを作りましょう。
相性の良い茶葉をブレンドすることで、味の相乗効果を得られ
より深みのある1杯を作りあげられます。

ティーブレンド

ティーショップでは単1の茶葉だけでなく、ブレンドされたものも発売されています。茶葉を組み合わせて混ぜるだけなので、個人でも気軽にブレンドを作ることが可能です。どのような色、香り、味にしたいかを明確化することで、簡単に作ることができます。

お茶を色で分けると日本茶のような濃い緑、中国緑茶のような黄緑、紅茶の紅色、烏龍茶の茶色、プーアル茶の焦茶色になります。たとえば、フルーツと合わせるなら中国緑茶のような黄緑色を選ぶと、色のアレンジがしやすいのです。このように、色は仕上がりのイメージで選びます。

香りで考える

茶葉それぞれの香りを知り、マッチする香りを選びましょう。茶葉のおおまかな香りは、右のようなものがあります。また、茶葉をブレンドしたうえで、エッセンスの香りを吹きつけて香りを高める方法もおすすめです。お互いの良さを引き立て合うものを見つけましょう。

お茶の主な香り

草・豆　花　磯　果実　香辛料　土・苔　香ばしい

ミルクと合わせた濃厚なティーブレンドの例

ミルクと合う 濃厚なお茶		ベースのお茶		香りやコク
香港ミルクティー （煮出し）	＝	ウバ ＋ プーアル茶	＋	バニラ（香り） ＋ コンデンスミルク （コク）

ウバはパンジェンシーといわれる、心地良くはっきりとしたコクと渋味があります。香りはウバフレーバーという、メントールのような香りがあり個性がしっかりとあるお茶です。

土のような香りのウバや、アーモンドのような香りのプーアル茶にバニラを煮出し、コンデンスミルクのコクと合わせた豊かな香りで、濃厚な香港ミルクティーになります。

さらに発展させて独特な渋味や香りと合わせるには、シナモンやスターアニスなどのスパイスが相性良くおすすめです。煮出しにより渋味が強くなった紅茶は、甘いミルクと相性が良いのでマサラチャイブレンドにも適しています。

爽やかなブレンドの例

ミルクと合う 濃厚なお茶		ベースのお茶		香りやコク
凍頂ウーロン茶 ＆ ベルガモット	＝	凍頂ウーロン茶	＋	ドライベルガモット （香り） ＋ レモンエッセンス（香り）

凍頂ウーロン茶はフローラルな香りで、薄い金色のまろやかな甘味が特徴のお茶です。そこに柑橘の爽やかさと、お茶と同じフローラルな甘さを併せ持った香りのベルガモット（アールグレイティーの香りを添加した柑橘）を合わせることで

華やかさと清涼感が増し、爽やかなアールグレイティーのように仕上がります。簡易的なブレンドを作るときは食品用のエッセンスで香りを足し、真空状態で寝かせることで、香りがひとつにまとまります。

抹茶ラテ ウォッシュ

抹茶ラテにクエン酸を加えて
清澄化することで渋みを抑制し、
透明ながらも抹茶の香りや旨味を
感じられるドリンク。

材料（ドリンク1杯分）

抹茶（粉）	4g
お湯（80℃）	40g
牛乳	200g
レモン（果汁）	20g
アガベシロップ	5g

Cold

1. 抹茶にお湯を入れ、
   茶筅でダマが無くなるように点てる。
2. ガラス容器などに牛乳を注ぎ、
   1の抹茶と合わせて抹茶ラテにする。
3. レモン果汁を少量ずつ、
   数回に分けて加えて分離させる。
4. ペーパーフィルターでこす。
5. アガベシロップを入れ、
   甘さを調整する。
6. グラスに注ぎ、水面に抹茶（分量外）
   をふりかけ、香りを強化する。

BACE

抹茶

Cold

材料（ドリンク1杯分）

抹茶（粉）	5g
お湯（80℃）	40g
ココナッツミルク	100g
白ごま（ペースト）	30g
氷	2個
白ごま	適量
コリアンダーパウダー	適量

Cold

1. 抹茶にお湯を入れ、茶筅で点てる。
2. ブレンダーに抹茶とココナッツミルク、白ごまのペースト、氷を入れ攪拌する。
3. グラスに注ぎ、白ごまとコリアンダーパウダーをふりかける。

BACE

抹茶

Cold

抹茶白ごま
ココナッツシェーク

エスニック料理でよく使われる
ココナッツと白ごまは相性抜群。
抹茶の旨味や渋味が香ばしさと合わさり、
深みのある味が生まれる。

日本茶エスプレッソ
（煎茶エスプレッソ）

煎茶の抽出の新たなスタイルを提案。
ハンドプレッソを使うことで、湯温や加圧を調節することで、
渋味を抑えて旨味を強く引き出す。

BACE

緑茶

Hot

材料（日本茶エスプレッソ）

煎茶（茶葉）⋯⋯⋯⋯⋯⋯⋯12g
お湯⋯⋯⋯⋯⋯⋯⋯⋯⋯⋯50g

Hot
1. 茶葉をコーヒー用のグラインダーで、
   細かく挽く。
2. コンプレッソに茶葉を詰める。
3. お湯を注ぎ入れ圧力をかけて抽出する。
4. カップに注ぎ入れる。

Point

グラインダーで細かくした茶葉を、
押し固める。

茶葉に合わせて 70 ～ 90℃のお湯を
注ぐ。

ゆっくりと加圧し、抽出していく。

抹茶の
アイスカプチーノ

□ Restaurant　☑ Cafe　□ Patisserie
□ Fruit parlor　□ Izakaya　□ Bar

ブレンダーを使って、ふわふわに仕上げた抹茶ドリンク。
抹茶と相性の良い豆乳を使用することで、
全体的にさっぱりとした印象になる。

材料（ドリンク1杯分）
抹茶（粉）……………………… 5g
お湯（80℃）…………………… 40g
豆乳（成分無調整）…………… 90g
植物性生クリーム …………… 10g
デーツシロップ ……………… 10g
氷 ……………………………… 3個
抹茶（粉）……………………… 0.3g

Cold
1. 抹茶にお湯を入れ、茶筅で点てる。
2. ブレンダーに1で点てた抹茶と豆乳、
   生クリーム、デーツシロップ、
   氷を入れ攪拌する。
3. しっかり泡立つようによく攪拌したら、
   グラスに注ぎ入れる。
4. 泡の上から、抹茶を少量ふりかける。

BACE
抹茶

Cold

by Fujioka

季節の緑茶（桜）

☑ Restaurant　☑ Cafe　☑ Patisserie
☑ Fruit parlor　☑ Izakaya　☑ Bar

桜の葉茶と、桜の葉の香りのする茶葉を
組み合わせた春の煎茶。ドリップスタイルで
香りを効果的に引き出す。

材料（ドリンク1杯分）
煎茶（茶葉）…………………… 5g
桜の葉茶（茶葉）……………… 2g
お湯……………………………… 230g

Hot
1. 浸漬式ドリッパーに煎茶と桜の葉茶を入れ、
   抽出する。
2. カップに注ぎ入れる。
※浸漬ドリッパーについてはP.54参照。

BACE
緑茶

Hot

by Fujioka

Part 3 ── お茶とハーブのソフトドリンク

緑茶ミントソーダ

玉緑茶の香ばしさや清涼感をミントと合わせ、
炭酸で割った爽やかな一杯。お好みでライムを入れて、
さらにすっきりした後味に。

BACE

緑茶

Cold

材料（ドリンク1杯分）
玉緑茶（茶葉）··········· 6g
スペアミント ··········· 3g
お湯 ··········· 150g
氷 ··········· 4個
ソーダ ··········· 50g
ライム（カット）··········· 1切
ミント··········· 適量

Cold
1. 浸漬式ドリッパーに茶葉と
スペアミントを入れ、
お湯を注ぎ入れて抽出する。
2. グラスに氷を入れ、
ソーダを注ぎ入れる。
上から**1**を注ぐ。
3. ミント、ライムを飾る。

Point

1

茶葉とスペアミントを計量しなが
ら、浸漬ドリッパーに入れる。

2

レバーを上げた状態でお湯を注ぎ、
レバーを下げて透過させることで、
抽出する。

紅抹茶の
シェケラート

特殊な碾茶で作られた、紅茶葉の抹茶を使用。
シェークすることで空気を含ませ、
香りを引き立て、柚子ピールでアールグレイ風に。

材料（ドリンク1杯分）
紅抹茶（粉）‥‥‥‥‥‥‥4g
お湯（80℃）‥‥‥‥‥‥30g
牛乳（濃縮タイプ）‥‥‥120g
柚子ピール‥‥‥‥‥‥‥少々

Cold

1. 紅抹茶にお湯を入れ、
   茶筅で点てる。
2. シェーカーに氷（分量外）を入れ、
   牛乳と**1**の紅抹茶を加え、シェークする。
3. グラスに注ぎ入れ、紅抹茶（分量外）を
   ふりかけ、柚子ピールを飾る。

BACE

抹茶

Cold

BACE

中国茶／緑茶

Cold

碧螺春トニック
（ヘキ　ラ　シュン）

繊細な甘さをもつ碧螺春に、
トニックの香りとライムがさっぱりと
飲みやすいティーソーダ。

材料（ドリンク1杯分）
碧螺春（茶葉）……………4g
お湯（沸騰）……………100g
氷 ……………………………80g
トニックウォーター………100g
ライム………………………1/8切

Cold
1. 茶器に茶葉とお湯を入れ、
　 3分蒸らす。
2. 1に氷を入れ、冷やす。
3. 氷（分量外）を入れたグラスに
　 1を注ぎ入れ、トニックウォーターを
　 注ぐ。
4. ライムを絞って入れる。

イチゴとローズヒップ＆
ハイビスカス

フルーティでほど良い酸味のローズヒップと、
疲労回復に良いハイビスカスとイチゴを
合わせた身体を癒す一杯。

BACE

スパイス＆ハーブ

Cold

材料（イチゴソース）
イチゴピューレ ……………… 200g
種扇糖 ………………………… 100g
レモンピューレ ………………… 10g

1. 鍋にイチゴピューレと種扇糖、
　　レモンピューレの半量を入れ、
　　中火にかけて種扇糖が
　　溶けるまで煮溶かす。
2. 種扇糖が溶けたら氷水
　　（分量外）にあて冷やし、
　　レモンピューレの残りを入れて
　　混ぜる。

材料（ドリンク1杯分）
ローズヒップ …………………… 3g
ハイビスカス …………………… 1g
ステビア ………………………… 1g
お湯（沸騰）…………………… 80g
氷 ………………………………… 40g
イチゴソース …………………… 40g

Cold
1. ローズヒップは砕き、
　　ハイビスカスとステビアは
　　もみほぐし茶器に入れ、
　　お湯を注ぎ3分蒸らす。
2. 1に氷を入れ、冷やす。
3. ワイングラスにイチゴソースと
　　氷（分量外）を入れ、
　　2をこしながら注ぐ。

Part 3 ── お茶とハーブのソフトドリンク

材料（カベルネソーヴィニヨンソース）

カベルネ・ソーヴィニヨンピューレ	200g
種扇糖	100g
レモンピューレ	10g

1. 鍋にカベルネ・ソーヴィニヨンピューレと種扇糖、レモンピューレ半量を入れ、中火にかけて種扇糖が溶けるまで煮溶かす。
2. 種扇糖が溶けたら、氷水（分量外）にあてて冷やし、残りのレモンピューレを入れて混ぜる。

材料（レモンソース）

レモンピューレ	210g
種扇糖	200g

1. 鍋にレモンピューレ200gと種扇糖を入れ、中火にかけて種扇糖が溶けるまで煮溶かす。
2. 種扇糖が溶けたら、氷水（分量外）にあてて冷やし、レモンピューレ10gを入れて混ぜる。

材料（レアチーズソース）

クリームチーズ	200g
ヨーグルト	100g
牛乳	100g
生クリーム	100g
グラニュー糖	20g
レモンソース	30g

1. ブレンダーにすべての材料を入れ、攪拌する。
2. 1をエスプーマボトルに入れ、蓋をして30回振る。
3. 2に亜酸化窒素ガスを注入し、さらに30回上下に振る。

BACE

中国茶／緑茶

Cold

材料（ドリンク1杯分）

ブドウウーロン茶（茶葉）	4g
お湯（沸騰）	120g
氷	60g
シャインマスカット（フローズン）	80g
カベルネソーヴィニヨンソース	60g
レアチーズソース	50g

Cold

1. 茶器に茶葉とお湯を注ぎ、3分蒸らす。
2. 1に氷を入れ、冷やす。
3. ブレンダーに2とシャインマスカット、カベルネソーヴィニヨンソース、氷（分量外）を入れ、攪拌する。
4. 3をグラスに注ぎ、レアチーズクリームをのせる。

シャインマスカットとカベルネソーヴィニヨンのウーロン茶

質の良いブドウと、ブドウウーロン茶の香りを合わせたスムージー。レアチーズソースをのせて、スイーツドリンクの完成。

材料（ドリンク1杯分）
水 ―――――――――――― 200g
トルコティー（茶葉）――――― 3g
ミント ―――――――――――― 3g
レモングラス ―――――――― 3g

Hot
1. 二段式ポット「チャイダンルック」の下のポットに
   水を入れ、上のポットにはトルコティーとミント、
   レモングラスを入れ、火にかけて沸騰させる。
   ※上のポットに入っている葉は蒸気で蒸らされる。
2. 上段のポットに、下段のポットで沸かした
   お湯を注ぎ、20分弱火にかける。カップに注ぐ。

BACE
トルコ茶／紅茶

Hot

Vegan OK

フレッシュハーブ
&トルコティー

伝統的な淹れ方のトルコティーに
新鮮なハーブを混ぜ、
爽やかな香りの新しい飲み方提案。

Part 3　お茶とハーブのソフトドリンク

059

材料（ドリンク1杯分）
鉄観音茶（茶葉）————————5g
お湯（沸騰）————————120g
氷————————100g
スダチ————————2個

Cold
1. 茶器に茶葉とお湯を注ぎ、3分蒸らす。
2. **1**に氷を入れ、冷やす。
3. グラスに氷（分量外）と1/2にカットした
　　スダチを絞りながら入れ、**2**を注ぐ。

鉄観音 スダチティー

(Vegan OK)

あっさりとした飲み口のティーネード。
青茶の濃緑色と、スダチ果汁の淡い
グリーンが混ざり、見た目も美しい。

BACE

台湾茶／ウーロン茶

Cold

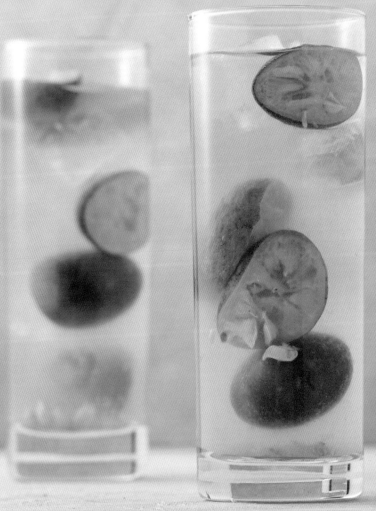

東方美人 アプリコットティー

芳醇で甘い香りの東方美人は、紅茶にも近い味わい。
アプリコットの甘酸っぱさで、風味を引き立て合う。

材料（ドリンク1杯分）
東方美人茶（茶葉）…………4g
お湯（沸騰）………………200g
ドライアプリコット…………小6個
ドライオレンジ（輪切り）…1/2個

Hot
1. 茶器に茶葉とお湯を注ぎ、3分蒸らす。
2. カップにドライアプリコットを入れ**1**を注ぎ、
   ドライオレンジをそえる。

BACE
台湾茶／ウーロン茶

Hot

by Tanaka

2種の グリーンティー

凍頂ウーロンは華やかな香りをもち、
緑茶に近い風味が特徴。さらに煎茶のすっきりとした
渋みを加えた、新しいブレンドティー。

材料（ドリンク1杯分）
凍頂ウーロン茶（茶葉）……2g
煎茶（茶葉）………………2g
お湯（沸騰）………………200g

Hot
1. 茶器に凍頂ウーロン茶とお湯を注ぎ、
   2分蒸らす。
2. **1**に煎茶を加え、さらに1分蒸らして
   グラスに注ぐ。

BACE
ウーロン茶／緑茶

Hot

by Tanaka

Part 3 ── お茶とハーブのソフトドリンク

パッション
ジャスミンティー

香りを楽しむアイスティー。
ジャスミンティーにレモングラスと、
パッションフルーツを合わせることで豊かな香りが広がる。

BACE

中国茶／花茶

Cold

材料（パッションフルーツソース）
パッションピューレ............200g
グラニュー糖............200g
パッションフルーツ............8個
レモン（果汁）............10g

1. 鍋にパッションピューレと
　　グラニュー糖、パッションフルーツの
　　実と種、レモンの半量を入れ、
　　火にかけグラニュー糖を溶かす。
2. 氷水（分量外）を入れた
　　ボウルの上におき、
　　ヘラでかき混ぜながら急速に冷やす。
　　残りのレモンを入れて混ぜる。

材料（ドリンク1杯分）
ジャスミン茶（茶葉）............4g
レモングラス（ドライ）............2g
お湯（沸騰）............120g
氷............100g
パッションフルーツソース............50g
レモンスライス（ドライ）............1枚

Cold
1. 茶器に茶葉とドライレモングラス、
　　お湯を注ぎ3分蒸らす。
2. **1**に氷を入れ、冷やす。
3. グラスにパッションフルーツソースと
　　氷（分量外）を入れ、**2**を注ぐ。
4. レモンスライスを飾る。

材料（ホエイ）
ヨーグルト（無糖）‥‥‥‥‥400g

1.器にザルをのせ、
　ザルに無糖ヨーグルトを入れて
　1晩水切りする。
※400gのヨーグルトに対して
　約1/3gホエイができる。

材料（ドリンク1杯分）
ダージリン（茶葉）‥‥‥‥‥4g
お湯（沸騰）‥‥‥‥‥‥‥70g
氷 ‥‥‥‥‥‥‥‥‥‥‥50g
ホエイ‥‥‥‥‥‥‥‥‥100g

Cold
1.茶器に茶葉とお湯を入れて、
　4分蒸らす。
2.1に氷を入れ、冷やす。
3.グラスに氷（分量外）を入れ、
　ホエイを注ぐ。2を注ぎ入れる。

Point

目の細かいザルにヨーグルトを入れ、水切りする。

一晩かけてしっかり水切りし、ホエイとヨーグルトを分ける。

BACE

インド茶／紅茶

Cold

ダージリン
ヨーグルトティー

ヨーグルトをこしてとれた、ホエイだけを使用した
透き通るミルクティー。さっぱりとした後味で飲みやすい。

Part 3 ── お茶とハーブのソフトドリンク

BACE

中国茶／ウーロン茶

Hot

(Vegan OK)

白桃ウーロン
ミントティー

白桃と相性の良いミントを、フレッシュでたっぷり使用。
自然な甘みと清涼感のバランスが◎。

材料（ドリンク1杯分）
白桃ウーロン茶（茶葉）……4g
お湯（沸騰）………………200g
フレッシュミント……………2g

Hot
1. 茶器に茶葉とお湯を入れ、3分蒸らす。
2. グラスにミントを入れて、**1**を注ぎ入れる。

材料（ドリンク1杯分）

カルダモン	6粒
ブラックペッパー（ホール）	10粒
スターアニス	2個
クローブ	6粒
シナモン	1本
ラプサンスーチョン（茶葉）	20g
水	200g
牛乳	260g
はちみつ	20g

Hot

1. カルダモンに切れ目を入れる。ブラックペッパーと
   スターアニス、クローブ、シナモンは細かく砕く。
2. 鍋に**1**と水を入れて、中火で沸騰させ
   スパイスの香りを出す。
3. **2**にラプサンスーチョンを入れ、3分煮出す。
   牛乳を加えて、沸騰直前まで温める。
4. **3**を茶こしでこしながらカップに入れ、はちみつを添える。

BACE

中国茶／紅茶

Hot

ハニー
ラプサンスーチョンチャイ

ラプサンスーチョンの燻香に、たっぷりスパイスの刺激と
はちみつの甘さで深みのあるチャイに。

Part 3 　 お茶とハーブのソフトドリンク

BACE

中国茶／緑茶

Cold

Vegan OK

ストロベリー
ローズウーロン茶

芳醇なバラの香りと
甘酸っぱいイチゴを合わせて、
大人っぽく上品な味わいに。

材料（ドリンク1杯分）
ローズウーロン茶（茶葉）……4g
お湯（沸騰）……………………100g
氷 ……………………………………60g
イチゴ ……………………………80g
ローズペダル ……………………3g

Cold
1. 茶器に茶葉とお湯を注ぎ、3分蒸らす。
2. 1に氷を入れ、冷やす。
3. シェーカーにイチゴを入れ、ペストルで潰す。
4. 3に2と氷（分量外）を入れて、ハードにシェークする。
5. グラスに注ぎ、ローズペダルを飾る。

Vegan OK

ルイボス
ジンジャーティー

ミネラルとポリフェノールが豊富な
ルイボスティーの、ほんのり甘い香りの中に
免疫力UPの生姜で体が温まる。

材料（ドリンク1杯分）
水 ……………………300g
ルイボスティー（茶葉）………2g
ドライジンジャー…………5g

Hot

1. 鍋に水を入れ火にかけ、
   沸騰したらルイボスティーと
   ドライジンジャーを入れる。
2. 弱火にし、10分煮出す。
   茶こしでこしながら、カップに注ぐ。

Part 3　｜　お茶とハーブのソフトドリンク

BACE

スパイス＆ハーブ

Hot

BACE

スパイス＆ハーブ

Cold

Vegan OK

レモンマートル＆
レモングラスティー

強い柑橘系の香りをもつレモンマートル。
生姜のような香りのするレモングラスの根を
合わせた新感覚レモンドリンク。

材料（ドリンク1杯分）
レモンマートル……………………2g
レモングラス………………………2g
お湯（沸騰）……………………100g
氷 ……………………………………50g
レモン（スライス）………………1枚

Cold

1. 茶器にレモンマートルと
   レモングラスを入れ、
   お湯を注ぎ4分間蒸らす。
2. 1に氷を入れ、冷やす。
3. グラスに氷（分量外）を入れ、
   2を注ぎレモンスライスを飾る。

材料（ティーベース）

卵の殻	1個分
ウバ（茶葉）	50g
プーアル茶（茶葉）	5g
バニラビーンズ	5g
水	1000g

1. 鍋に卵の殻とウバとプーアール茶を入れ、乾煎りする。
2. 1にバニラビーンズを入れ、
   火にかけ沸騰させてから中火にし、30分煮込む。
3. こし網で、しっかりとこす。
   総量が800gに満たないときは、加水する。

材料（ドリンク1杯分）

ティーベース	90g
牛乳	72g
コンデンスミルク	18g

Hot

1. 子鍋にティーベースと牛乳、
   コンデンスミルクを入れ、60℃まで温める。
2. 耐熱グラスに注ぎ、
   ナノフォーマーで泡を作る。

Point

スパイシーなウバに、アクセントで
陳香のプーアル茶をブレンド。

香港ミルクティー

本場の香港流にブレンドした茶葉を
しっかりと煮出して、優しい甘味のある
コンデンスミルクを合わせた濃厚ミルクティー。

BACE

中国茶／紅茶

Hot

武夷岩ほうじ茶

武夷岩の独特な芳香や、渋みと甘味。
飲んだ後も広がる余韻と、
ほうじ茶の香ばしさをバランス良く合わせてみて。

材料（ドリンク1杯分）
武夷岩茶（茶葉）……………2.5g
ほうじ茶 ……………………1.5g
お湯（沸騰）…………………200g
角砂糖 …………………………1個

Hot
1. 茶器に武夷岩茶とほうじ茶を入れ、
　 お湯を注ぎ3分蒸らす。
2. **1**をカップに注ぎ、砂糖を添える。

Point

武夷岩茶をベースにし、合わせるほ
うじ茶は香りが強い深煎りの棒茶に
する。

BACE

中国茶／ほうじ茶

Hot

(Vegan OK)

煎茶＆ジャスミン ＆白桃

心地良い薫風を感じさせる緑茶と、
フローラルなジャスミン。
白桃のエッセンスを合わせた、
スペシャルなブレンドティー。

材料（煎茶＆茉莉花＆白桃ブレンド）
煎茶（茶葉）··············600g
ジャスミンティー（茶葉）···400g
白桃エッセンス···············1g
　　　　　（全体量の2％）

1. 煎茶、ジャスミンティーを
密封できる袋に入れる。
白桃エッセンスを茶葉に吹きつけ
密封し、冷暗所で1週間寝かせる。

材料（ドリンク1杯分）
煎茶＆茉莉花＆白桃ブレンド
（茶葉）·····················6g
お湯（80℃）··············300g

Hot
1. 茶器に煎茶＆茉莉花＆
白桃ブレンドを入れ、
お湯を注ぎ4分間蒸らす。

BACE
中国茶／緑茶

Hot

Point

1

煎茶とジャスミンティーをボウルに
入れて合わせる。

2

真空パックに入れ、エッ
センスを吹きかける。

3

真空にはせず、シーラーで留める。

BACE

中国茶／ウーロン茶

Cold

Vegan OK

凍頂ウーロン茶 &
ベルガモット

蘭の花の甘い香りが特徴の凍頂ウーロン茶に、
柑橘の爽やかさとフローラルな香りを持つ
ベルガモットを合わせる。

材料（凍頂ウーロン茶&ベルガモットブレンド）
凍頂ウーロン茶（茶葉）……… 900g
土佐ベルガモットドライ
（スライス）（ベルガモット）…… 100g
レモンエッセンス ………………… 1g

1. 凍頂ウーロンと土佐ベルガモット
　　ドライを密封できる袋に入れる。
　　レモンエッセンスを茶葉に吹きつけ
　　密封し、冷暗所で1週間寝かせる。

材料（ドリンク1杯分）
凍頂ウーロン&ベルガモットブレンド
（茶葉）………………………………… 4g
お湯 ………………………………… 120g
氷 …………………………………… 60g
ベルガモット（スライス）……… 1枚

Cold

1. 茶器に凍頂ウーロン&
　　ベルガモットブレンドを入れ、
　　お湯を注ぎ4分間蒸らす。
2. **1**に氷を入れ、冷やす。
3. グラスに氷（分量外）を入れ、**2**を注ぐ。
　　ベルガモットをのせる。

Various ingredients
Soft Drink

さまざまな食材の
ソフトドリンク

主に食事やデザートで使われている材料をドリンクにします。
ひと味違った「飲みながら食べる」新提案で、
メニューのレパートリーを増やしましょう。

Part4

About Drink

12

さまざまな食材と ソフトドリンクの可能性

ドリンクは既存の飲み物やフルーツなどで作るのがセオリーでしたが、
今まで使用していなかった食材も、ドリンクになる可能性を秘めています。
味覚の要素や素材の特徴を学び、ドリンクのアレンジに活かしましょう。

食材をドリンクに

今後のソフトドリンクメニューは、今までドリンクに使用しなかったさまざまな材料を使える機会が増えていくでしょう。本書のレシピでも、料理やスイーツに使用する食材をドリンクにアレンジしたものがあります。現状「料理＝固形」、「飲料＝液体」、そしてその中間に位置するのがスープと捉えられてますが、それらの概念を変化させていく必要があります。

新たなメニューを考案するときは、味覚の5要素である「甘味」、「塩味」、「酸味」、「苦味」、「旨味」で味のバランスを取ります。五味のうち3要素が入ると、美味しく感じやすくなります。さらに食材の香りで合わせることで、より複雑味を増すことができるでしょう。

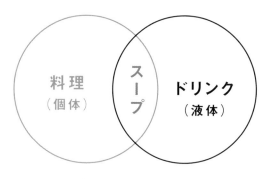

[従来の捉えられ方]

スイーツ×ドリンク

近年、ドリンクは「飲む」から「飲みながら食べる」に移行してきています。たとえば「モンブラン＆ほうじ茶（P.81）」は栗と生クリームに洋酒を効かせ、なめらかにスポンジやメレンゲなどに細かく栗ペーストを絞った、人気スイーツのモンブランをベースに考えた「飲みながら食べるドリンク」です。ペアリングの考え方としては、和栗を使用しているので同じく和のお茶で相性の良いほうじ茶を使用しています。逆に洋栗を使用するなら、紅茶などと合わせるのがおすすめです。最初にモンブランペーストを食べてから、ほうじ茶を飲んだ後、ふたつを混ぜ合わせて味の変化を味わうという3段階の楽しみ方ができます。

別々に考えていたスイーツとドリンクをひとつにすることで、新しいスイーツドリンクが生まれるのです。

スパイス×ドリンク

スパイスを多く使ったドリンクは、マサラチャイが有名です。また、原材料がカカオのチョコレートもじつは香辛料のひとつです。

香辛料には辛味（刺激）のあるものと、香りをプラスするものがあります。産地により嗜好も変わり、使い方もさまざまです。たとえば赤道近辺では胡椒が生産され、多く食されています。たとえば発汗作用がある香辛料が多く体を冷やす効果があるためです。逆に寒い地域になると山椒を多く使用する傾向があります。山椒はしびれるような味で山椒に含まれている「サンショオール」とい

う成分が血管を拡げて、血液の流れを良くし体を温めます。このように香辛料によって違う効果があるため、それらを意識することで体が美味しく感じるドリンクを作ることができるのです。

「生胡椒チョコレート（P.82）」は、チョコレートの苦味と甘味に相性の良い、生胡椒のフルーティーな辛味を合わせて作りました。酢漬けになっていることで酸味が加わり「苦味」、「甘味」、「酸味」の３つの味覚要素がバランス良くまとまった新感覚チョコレートドリンクとなっています。

海鮮食材×ドリンク

スープのようなドリンクでは、料理でしか使わないイメージの食材も使用できます。

たとえば「オイスターバニララテ（P.80）」は、生牡蠣をフードドライヤーで乾燥させて生臭さを緩和し、ドリンクへ利用しています。

生牡蠣というとドリンクとは無関係なイメージが強くあります。しかし、ひとつひとつを素材として捉えると、牡蠣のクリームパスタなど、牡蠣のエキスが溶け込んだ液体を使用したメニューは多く、違和感は薄れます。生牡蠣はもともと「海のミルク」と呼ばれるほど濃厚であり、乳製品ともマッチします。

牡蠣の磯の香りは日本茶に通ずるものがあるので、日本茶とクリームあんみつを一緒に食べるのと同じ感覚といえます。

このように似た香りのものを探し、連想することで新たなペアリングを生み出すことができます。生牡蠣の生臭さを乾燥させてなくすように、いろいろな調理法を駆使して、ドリンクにとってのマイナス部分をいかに解消できるのかが大切です。精査した香りを組み合わせることで、かつて料理でしか味わってこなかった食材も、ドリンクとして楽しむことができます。

材料（ドリンク1杯分）

ノンアルコールジン	100g
オレンジ	1個
レモン	1個
ライム	1個
きゅうり	1本
ミント	15g
大葉	3枚

Cold

1. カラフェにノンアルコールジンを注ぐ。
   オレンジと、レモン、ライム、
   きゅうりをスライスして入れる。
   ミントを入れ、漬け込む。

2. 1時間程浸漬し、なじんだら氷（分量外）を
   入れたグラスに注ぎ入れる。

3. 漬けたオレンジやレモン、大葉、
   ミントなどを飾る。

Vegan OK

バージンピムス

イギリスで楽しまれている、リキュールを使った
ドリンクをノンアルコールで。
きゅうりやフルーツを漬け込んだ、
ノンアルコールジンをトニックで割る。

BACE

フルーツ＆野菜

Cold

材料（ドラゴンシロップ8杯分）
紹興酒 ………………………… 160g
酸梅湯 …………………………… 40g
カルダモン ……………………… 3粒
クローブ ………………………… 3粒
シナモン ………………………… 1本
バニラ …………………………… 1本
碁石茶（茶葉）…………………… 4g
きび砂糖 ………………………… 100g

1. 鍋に紹興酒を入れ、
　　火にかけアルコールを飛ばす。
2. 酸梅湯とカルダモン、クローブ、
　　シナモン、バニラ、碁石茶を加え、
　　煮立たせる。
3. 火を止めて数分浸漬し、
　　もう一度煮立たせてからこす。
4. きび砂糖を加えて溶かし、
　　氷（分量外）に当て粗熱をとる。

材料（ドリンク1杯分）
ドラゴンシロップ ……………… 40g
ソーダ …………………………… 120g
レモンスライス ………………… 3切
氷 ………………………………… 5個

Cold
1. グラスに氷（分量外）を入れ、
　　ドラゴンシロップ、ソーダの順に
　　注ぎ入れる。
2. レモンスライスを飾る。

Vegan OK

ドラゴンコーク

紹興酒をベースにスパイスや酸梅湯、
碁石茶を加えた複雑でクセのある味。
一度飲んだら忘れられない、強烈な炭酸飲料。

BACE
スパイス＆ハーブ
Cold

Part 4 ── さまざまな食材のソフトドリンク

BACE

フルーツ & 野菜

Cold

材料（ドリンク1杯分）
カカオパルプジュース …………40g
エスプレッソビターズ ………数滴
トニックウォーター……………120g

Cold

1. グラスに氷（分量外）を入れ、
カカオパルプジュースを注ぎ入れる。

2. エスプレッソを、通常時の抽出よりも粒度を細かく、
粉量を多くなる様に調整して抽出し、
落ち始めの数滴を取り分ける。

3. 1のグラスに2を少量加え、トニックウォーターを注ぐ。

ストレンジスプモーニ

カカオの果肉部分のジュースを使用。
カンパリの苦味を、エスプレッソの抽出法で演出。
誰も飲んだことのないノンアルコールスプモーニ。

大葉
グリーンティー
モヒート

ミントの代わりに、香りの強い大葉をたっぷりと使用。
スダチとグリーンティーで
ジャパニーズモヒートに仕上げる。

BACE

日本茶／緑茶

Cold

材料（ドリンク1杯分）
煎茶（茶葉）···············4g
お湯（沸騰）···············100g
氷 ························80g
大葉 ·····················5g
グラニュー糖···············10g
スダチ ···················2個
ソーダ ···················80g

Cold
1. 茶器に煎茶を入れ、お湯を注ぎ1分蒸らす。
2. 1に氷を入れ、冷やす
3. グラスにちぎった大葉とグラニュー糖を入れ、
   ペストルですり潰す。半分にカットした
   スダチを入れ、さらに潰す。
4. 3に氷（分量外）を入れる。
   2とソーダを順に注ぐ

Point

1

2

3

グラスにちぎった大葉とグラニュー
糖を入れ、すり潰すことで大葉の香
りを出す。

スダチを加えて、グラニュー糖を溶
かす。

ソーダを注ぎ入れる。

オイスター
バニララテ

牡蠣を使ったニュードリンク。磯の香りとミルク、
バニラは驚くほど相性抜群で、
至高の一杯になること間違いなし。

BACE

牛乳

Cold

材料（ドライオイスター）
生牡蠣 ………………………… 適量
水 ……………………………… 1ℓ
塩 ……………………………… 20g

1. 生牡蠣を、殻から外す。
2. ボウルに水と塩を入れて混ぜ、
　 塩分2％程度の塩水をつくる。
　 牡蠣を入れて、手でひだの中まで
　 やさしく汚れを落とす。
3. フードドライヤーにのせ、乾燥させる。
4. 完全に乾燥したら、粉末にする。

材料（ドリンク1杯分）
ドライオイスター（粉末）…… 2g
バニラアイス ………………… 60g
牛乳 …………………………… 60g
アオサ ………………………… 2g

Cold
1. シェーカーにドライオイスターとバニラアイス、
　 牛乳を入れ、ハードにシェークする。
2. グラスに注ぎ、アオサをふりかける。

Point

牡蠣を殻から外す。

フードドライヤーで乾燥させる。

栗の甘露煮モンブラン＆ほうじ茶

栗の甘露煮を滑らかなモンブランペーストにし、
香ばしいほうじ茶の上にたっぷりと絞った、
見た目も可愛らしいスイーツドリンク。

BACE
日本茶／ほうじ茶

Cold

材料（モンブランペースト）
栗の甘露煮 ················· 310g
生クリーム ················· 90g
無塩バター ················· 80g
モラセスシュガー ··········· 30g
牛乳 ······················· 130g

1. フードプロセッサーに
栗の甘露煮を入れ、
細かくなるまで粉砕する。
2. 1に生クリームと無塩バター、
モラセスシュガーを入れ、
さらに撹拌する。
3. 2に少しずつ牛乳を入れ、
なめらかにする。

材料（ドリンク1杯分）
ほうじ茶（粉）··············· 8g
お湯（沸騰）················· 120g
氷 ························· 60g
ホイップクリーム ··········· 30g
モンブランペースト ········· 80g

Cold
1. 茶器にほうじ茶を入れ、
お湯注ぎ3分蒸らす。
2. 1に氷を入れ、冷やす。
3. プラカップに氷（分量外）を入れ、
2を注ぎ入れる。
4. 3にホイップクリームを絞り、
モンブランペーストを絞る。

Point

1

モンブランマシンに、モンブラン
ペーストを入れる。

2

グラスより少し高い位置
から絞る。

☐ Restaurant　☑ Cafe　☑ Patisserie
☐ Fruit parlor　☐ Izakaya　☐ Bar

by Tanaka

豆乳汁粉ラテ

こしあんとエスプレッソの、コクと甘さが
バランス良く溶け合う。豆乳ときな粉から香る、
大豆の香ばしさがあと引く味。

材料（ドリンク1杯分）
こしあん......................70g
エスプレッソ..................40g
豆乳.........................220g
きな粉........................少々

Hot
1. カップにこしあんとエスプレッソを入れ、
   混ぜ溶かす。
2. 熱めにスチームした豆乳を、**1**に注ぐ。
3. きな粉をふりかける。

BACE
コーヒー

Hot

☑ Restaurant　☑ Cafe　☑ Patisserie
☐ Fruit parlor　☐ Izakaya　☐ Bar

by Tanaka

生胡椒
ホットチョコレート

濃厚なホットチョコレートには、ビターを使用。
生胡椒をかじりながら飲むと、
華やかな香りと塩味が混ざったゴージャスな趣き。

材料（ドリンク1杯分）
ビターチョコレート...........60g
牛乳........................160g
生クリーム...................20g
生胡椒（塩水漬け）...........適量

Hot
1. 鍋にビターチョコレート、牛乳、
   生クリームを入れる。火にかけ、
   ビターチョコレートを溶かしながら温める。
2. カップに**1**を注ぎ、生胡椒を添える。

BACE
スパイス＆ハーブ

Hot

082

Fruit material Soft Drink

フルーツ素材の
ソフトドリンク

生のフルーツや、フルーツを加工したピューレなどを
活用したフレッシュで瑞々しいドリンク提供の
ポイントを解説します。目的に合った仕入れを目指しましょう。

Drink Textbook

Part 5

店ごとの
フルーツの選び方

同じ商品を安定して提供したいお店もあれば、常に流行りの商品を
売り出したいお店もあり、営業の仕方も多種多様となっています。
適材適所に素材のセレクトをするために、お店に合わせたマニュアルを作りましょう。

適した材料選び

しっかりとこだわりたいなら、フレッシュフルーツが最適ですが、忙しくて作業工程が追いつかない場合もあります。そういったお店ではピューレやソース、シロップなどが◎。

ただし商品を判断するうえで重要な香りは、人工的なシロップだとフルーツやピューレと比べて物足りない印象になります。そこで冷凍フルーツやピューレを加えて、香りを補うといった手法が使われます。

オリジナリティを大切にしつつ、お店の稼働に合わせた素材を選び、適した使用を心がけることで客の満足度も上がります。

ピューレ

[適したお店]
ホテル（レストラン、カフェ）、レストラングループ、
居酒屋グループ、バー、カフェグループ

フルーツを加工して液状にしたもの。フルーツを使うと、色が酸化により変色しやすいですが、ピューレにすることで色が安定し、使いやすくなるのが魅力です。そのまま使わずにソースにすることで、味わいが濃厚になり香りが強く、甘さもプラスできるなど、味の調整がしやすくなります。

デメリット

熟す前のフルーツを加工することが多く、また熱処理をするため本来の香りより弱くなる。そのまま使用するとフレッシュフルーツより甘さが弱い。

メリット

フルーツ100％、もしくは甘さが入っているため、フルーツの使用感を出しながらも、安定した味に仕上がる。皮をむくなど作業工程がなくなり、色の変化も起きない。

フレッシュフルーツ

［適したお店］
ホテル（メインバー）、レストラン、パティスリー、
バー（ミキソロジー、オーセンティック）、個人経営のカフェ

ドリンクを作るうえでフルーツをそのまま使うと、香りが良くとても美味しく感じます。世界的にもナチュラル嗜好が増えているため、人気店はフレッシュフルーツを多く使う傾向があります。

一方で、皮をむくなどの作業工程が多くなることや、原価の高さ、味の不安定さ、ロスしやすいリスクなどのマイナスもあるため、入荷には注意が必要です。

 デメリット

作業工程が増え、原価が高くなる

↓

メリット

こだわりのメニューを作ることで、高い金額で販売しても購買につながりやすくなり、他店との差別化がはかれる。「ここでしか飲めない」という付加価値で、口コミも広がりやすく「高くても飲んでみたい」と思わせることが可能。

 デメリット

味が安定しない

↓

メリット

フレッシュなフルーツは、熟度で味わいが変わる。採れたてより日数をおいた方が甘さが増す傾向があるため、安定した味を出すことができない。逆手にとって、新鮮なフルーツだからこそ味が変化すると、顧客に認知してもらうことで付加価値となる。

 デメリット

ロスしやすい

↓

メリット

酸味があるうちは甘さのあるものを合わせたドリンクに使用し、熟して甘さがでてきたらフルーツそのままの味を楽しむドリンクとして提供するなど、タイミングに合わせて使用方法を変化させる。熟しすぎた場合は冷凍保存のほか、ピューレやソースなどに加工することで無駄なく回転させられ、長い期間使うことができる。熟し方の変化を理解し、その都度合ったドリンクや加工を施すことで、ロスを減らして味を安定させられる。

シロップ

［適したお店］
レストランチェーン、居酒屋チェーン、
カフェチェーン

日本では主流となっているシロップ。安定供給に加えて、原価を抑えられ、ロスをしないメリットが多いものの、世界基準では徐々に使用頻度が少なくなっています。理由としては、シロップを使用すると味が安定する分、他店との味の差がなくなってしまい、オリジナリティのある商品になりにくいためです。

デメリット

香りが人工的で、他店との商品の差がだせなくなる。香りを増やそうとすると、使用量が増えてしまい、甘さが強くなってしまう。

 メリット

ドリンクの販売価格を下げることができる。スタッフのスキルがなくても同じ味にしやすく、ロスをしない。作業工程が少ないため、大量オーダーに対応しやすい。

Part 5　フルーツ素材のソフトドリンク

材料（ドリンク1杯分）
柿(搾汁後の分量)………100g
カベルネ
ソーヴィニョンソース………30g

Cold

1. 完熟した柿の皮をむいて種をとり、スロージューサーで搾汁する。
2. グラスにカベルネソーヴィニョンソースと氷（分量外）を入れて、静かに**1**を注ぐ。

柿&
カベルネソーヴィニョン

赤ワイン用のブドウであるカベルネソーヴィニョンと柿は、
お互いの香りを活かしつつバランス良くまとまるコンビ。

BACE

フルーツ＆野菜

Cold

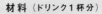

材料（ドリンク1杯分）
アールグレイティー ……………100g
フランボワーズソース………20g
フランボワーズ………………20g
ミント………………………1枝

Cold
1. グラスに氷（分量外）と
   アールグレイティー、
   フランボワーズソース、を注ぐ。
2. フランボワーズとミントを飾る。

アールグレイ＆
フランボワーズ
ソーダ

ベルガモットの香りとフランボワーズの
甘酸っぱさは、紅茶の味を
より深めてくれる組み合わせ。

Part 5 —— フルーツ素材のソフトドリンク

BACE
フルーツ＆野菜
Cold

センガセンガーナ
バニラシェーク

イチゴのピューレで、
ピンクのキレイな色を表現。
甘さ控えめ大人のイチゴバニラシェーク。

BACE

フルーツ&野菜

Cold

材料（ドリンク1杯分）
センガセンガーナピューレ
（イチゴピューレ）……50g
バニラアイス……120g
牛乳……120g
イチゴ……1個

Cold
1. ブレンダーに
センガセンガーナピューレの半量と
バニラアイス、牛乳を入れて、
撹拌する。
2. センガセンガーナピューレの
残りを入れた**1**をグラスに入れる。
イチゴをのせる。

材料（ドリンク1杯分）
エルダーフラワー（茶葉）……3g
お湯（沸騰）……………………100g
氷………………………………80g
シャインマスカット
（冷凍）………………………100g

Cold

1. 茶器にエルダーフラワーを入れ、
   お湯を注ぎ3分蒸らす。
2. 1に氷を入れ、冷やす。
3. グラスに半分にカットした
   シャインマスカットを入れ、
   2を注ぐ。

(Vegan OK)

シャインマスカット
エルダーフラワーティー

シャインマスカットを冷凍して、
氷代わりにたっぷり贅沢に使用する。
溶けるたび、エルダーフラワーのもつ
マスカット香と合わさるアイスハーブティー。

BACE
――――
フルーツ & 野菜

Cold

材料（ドリンク1杯分）
カベルネ
ソーヴィニヨンピューレ ……… 25g
ストレートオレンジジュース………
……………………………………100g
ドライオレンジ
（スライス）…………………… 1切

Cold
1. グラスにカベルネソーヴィニョン
   ピューレを入れ、
   オレンジジュースを注ぐ。
2. ドライオレンジを飾る。

カベルネソーヴィニョン
オレンジ

カベルネソーヴィニョンの味と香りが
凝縮したピューレと、苦味のあるオレンジを合わせて、
カシスオレンジの様な風味のモクテル。

BACE

フルーツ & 野菜

Cold

材料（ドリンク1杯分）
洋ナシ ……………………… 1/4個
冷凍赤ブドウ ………………… 60g
ノンアルコール赤ワイン …… 60g

Cold
1. クラスに洋梨の皮をむいて入れ、
   ペストルで荒めに潰す。
   冷凍ブドウを入れる。
2. 1にノンアルコール赤ワインを注ぐ。

BACE
フルーツ＆野菜

Cold

ポワールワイン

洋ナシの赤ワインコンポート煮を、
ドリンクにアレンジ。
さっぱりとした飲み口の、
ノンアルコールドリンク。

Part 5 ｜ フルーツ素材のソフトドリンク

材料（ドリンク1杯分）
ベルガモット（果汁）·········20g
ラムネ ································1本
ベルガモット（スライス）·····3枚
ディル ······························適量

Cold

1. グベルガモットの果汁を搾り、
　スライスを1/8にカットする。
2. グラスに**1**と氷（分量外）を入れる。
　ラムネを注ぐ。
3. ディルを飾る

ベルガモットラムネ

ラムネの香りづけに使われている柑橘と、
フレッシュベルガモットを合わせて
香りと酸味が楽しめる。

BACE
フルーツ＆野菜

Cold

柚子胡椒トニック

自家製の皮が荒めの柚子胡椒と、
柚子ピューレのダブル柚子で香り豊かなソーダに。
食事にも良く合う一杯。

材料（柚子胡椒）
青柚子
　　　……… 小6個の皮（約35g）
青唐辛子 ……………… 35g
塩 ……………………… 15g

1. 青柚子の皮を削る。
2. 青唐辛子はヘタと種をとり、
　 縦半分にカットしてみじん切りにする。
3. 1と2、塩を合わせてすり混ぜる。
※ できあがりすぐも使用できるが、
　 1週間以上寝かせるとまろやかになる。

材料（ドリンク1杯分）
柚子果皮ピューレ ……… 50g
柚子胡椒 ……………… 適量
塩 ……………………… 適量
トニックウォーター ……… 120g

Cold

1. グラスのフチに柚子果皮ピューレ
　 （分量外）を少量塗り、柚子胡椒、
　 塩を順にまぶす。
2. グラスに柚子果皮ピューレを入れる。
3. 氷（分量外）を入れ、
　 トニックウォーターを注ぐ

BACE

フルーツ&野菜

Cold

Point

1

2

3

青柚子は8〜10月上旬、青唐辛子
は7〜9月頃が旬なので、ふたつ
の旬が重なる短い期間に作る。

荒みじん切りした青柚子の皮と塩
を、すり鉢でよくすり混ぜる。

清潔な保存容器に入れる。保存期間
は冷蔵庫で約1年間。

巨峰ビア

巨峰のしっかりした甘さとビールの
ビターな味わいのバランスが良く、
色も鮮やかでフルーティーな香り。

by Tanaka

材料（ドリンク1杯分）
巨峰ピューレ ··············50g
ノンアルコールビール ·······250g

Cold
1. グラスに巨峰ピューレを入れる。
2. **1**にノンアルコールビールを注ぐ。

BACE
フルーツ＆野菜
Cold

カラメル柚子ネード

柚子ネードにたっぷりマシュマロを浮かべ、
バーナーでカラメル状にすれば
冬にぴったりなデザートドリンクに。

by Tanaka

材料（ドリンク1杯分）
柚子すりおろしピューレ ······50g
お湯（沸騰） ··············250g
マシュマロ ··············5～6個
柚子ピール ················1片

Hot
1. カップに柚子すりおろしピューレと、
　　お湯を入れて混ぜる。
2. **1**にマシュマロをのせて、
　　バーナーで炙る。
3. **2**に千切りにした
　　柚子ピールを
　　のせる。

BACE
フルーツ＆野菜
Hot

BACE

フルーツ＆野菜

Cold

(Vegan OK)

タイレモン＆
レモングラス＆
タイティー

香り豊かなタイレモン×甘い香りのタイティーで、
まさに王道のタイレモンティーに。

材料（ドリンク1杯分）
チャーポンチャトラムエ
（茶葉）━━━━━━━━━4g
お湯（沸騰）━━━━━━100g
氷 ━━━━━━━━━━━━50g
キーライム ━━━━━━━2個
冷凍レモングラス（茎）━5g
アガベシロップ ━━━━20g

Cold

1. ティーポットに茶葉を入れ、
お湯を注ぎ3分蒸らす。
茶こしでこし、氷を入れて冷ます。

2. キーライムのヘタと底の部分を
切り落とし、3等分の輪切りにする。
レモングラスと一緒にペストルで潰し、
アガベシロップと混ぜる。

3. プラカップに氷（分量外）を入れる。
1を注ぎ、**2**を入れる。

材料（レモンシロップ）
レモン‥‥‥‥‥‥‥‥‥‥‥500g
氷砂糖‥‥‥‥‥‥‥‥‥‥‥500g

1. レモンのヘタと底の部分を切り落とし、
   輪切りにする。
2. 保存瓶に氷砂糖と**1**のレモンを
   交互に入れ、蓋をする。
3. 氷砂糖が完全に溶けるまでは常温保存、
   溶けたら冷蔵庫で保存し、
   たまに瓶を揺する。

材料（ドリンク1杯分）
レモンシロップ‥‥‥‥‥‥40g
水‥‥‥‥‥‥‥‥‥‥‥‥140g
シロップ漬けレモンスライス
　　　‥‥‥‥‥‥‥‥‥‥‥2枚

Cold
1. カップに氷（分量外）を入れ、
   レモンシロップと水を注ぐ。
2. シロップ漬けのレモンスライスを飾る。

Point

青レモンを使うと、香りがより豊か
になる。

レモネード

そのままでも美味しいレモンが入荷したら、
氷砂糖と合わせたレモネードにするのがイチバン。
緑色のレモンだと、より香り良く仕上がる。

BACE
――――
フルーツ & 野菜

Cold

材料（日向夏エスプーマ）
水 ……………………………… 200g
ニューサマーオレンジピューレ
……………………………… 100g
グラニュー糖 ……………………… 80g
エスプーマ用フォーム …………… 20g

1. 材料をすべてエスプーマの
ボトルに入れ、ヘッドを閉める。
2. ガスボンベのバルブを開け、
ガスジョイントを注入口に押し込み
充填する。ガスの音が止まったら
ガスジョイントを外し、バルブを閉める。

材料（ドリンク1杯分）
レモンピューレ ……………………… 20g
ニューサマーオレンジピューレ
……………………………… 30g
グラニュー糖 ……………………… 10g
水 ……………………………… 120g
日向夏エスプーマ ………………… 50g

Cold
1. グラスに氷（分量外）を入れる。
レモンピューレと
ニューサマーオレンジピューレ
を順に入れる。
2. 日向夏エスプーマのボトルを
上下にふり、レバーを
手前に引いて2に絞る。

BACE

フルーツ & 野菜

Cold

日向夏＆レモンの
レモネード

柚子の香りに似た、
日向夏とレモン2種の柑橘を合わせて、
風味豊かなレモネードに作りあげる。

Part 5 ｜ フルーツ素材のソフトドリンク

材料（ドリンク1杯分）

ドライペパーミント ……………… 3g
お湯（沸騰） ……………… 100g
氷 ……………… 50g
土佐ベルガモット
（ベルガモット） …………… 1/2個
冷凍レモングラス（茎）… 5g
アガベシロップ …………… 20g
氷 ……………… 50g
ミント ……………… 3g

Cold

1. 茶器にドライミントを入れ、
   お湯を注ぎ3分蒸らす。
2. ベルガモットを4等分にカットし、
   レモングラスと一緒にペストルで潰す。
   アガベシロップを合わせて混ぜる。
3. プラカップに氷（分量外）を入れ、
   1を注ぐ。軽く混ぜてから**2**を入れ、
   ミントをのせる。

(Vegan OK)

ベルガモット＆
ミントレモネード

土佐ベルガモットと
たっぷりミントのミントティーを合わせて、
爽やかな飲み心地のレモネードに。

BACE
フルーツ＆野菜

Cold

Substitute food Soft Drink

食事代わりになる
ソフトドリンク

ドリンクは食事や栄養補給にもなります。
スロージューサーで作る栄養満点ジュースや、
ブレンダーで作る素材丸ごと味わえるスムージー、
スーパーフードを使ったドリンクについて説明します。

Drink Textbook

Part 6

スロージューサーで 栄養素の高いドリンク作り

野菜やフルーツの栄養素をそのままにジュースにできる、スロージューサー。
特徴とメリット、デメリットをしっかり把握して使いこなしましょう。

スロージューサーの 特徴

金属の刃を使わずに、食材を上からプレスするスクイーザーでツイストしながらゆっくりと搾ります。スクリューを組み合わせてしっかり搾汁することで、食材にかかる熱は最小限に留められ、栄養成分を逃さず搾り出してくれます。
水を加えず、食材に含まれた水分を絞りきるため、

食材が本来持つ色味や風味がそのまま楽しめる、濃厚な飲み物となるのです。
自然の状態に近い栄養素を豊富に含み、まるで食材そのものを食べたような満足感を得られるのが魅力的なドリンクとなります。

特徴	石臼のように 食材を擦り潰して絞る
液の状態	さらっとしている
メリット	低速回転で絞るため 食材の温度が上がらず 酵素や栄養素が壊れない
デメリット	実と液体を分離させるため 1杯分のジュースに たくさんの材料が必要になる

使い方

材料を一口大にカットし、スロージューサーに入れる。

搾りカスと液体の排出口に容器をセットし、スイッチを入れる。

スクリューが回転すると液体は本体に溜まり、搾りカスは外へ排出される。

搾汁が終わったらスイッチを切り、液体の排出口の栓を開け、搾汁したジュースを容器に注ぐ。

スロージューサーのドリンク

スロージューサーで搾汁すると、液体と固形（搾りかす）に分かれた状態になります。液量が少なくなる代わり、皮ごと搾汁することで香りが豊かになり、フルーツそのものを食べているかのような味わいになるのが特徴。

また、食材そのものの味を楽しみながら栄養素を摂取するドリンクに適しているため、糖分や香料をプラスするのには向いていません。甘味をつけたい場合は甘いフルーツを足して調整しましょ

う。そのままだと飲みにくい野菜ジュースも、フルーツと合わせることで美味しいドリンクに代わります。

ジュースのみで必要な栄養を補いながら、消化器官を休めて体内の毒素を排出するクレンズプログラム（P.111）にも適しています。

水分の少ない食材や濃い味の食材は水分の多い食材と合わせると飲みやすく、原価も調整しやすくなります。

ブレンダーで作る
スムージー

果実や野菜を、丸々ジュースとして飲むことができるスムージー。
豊富な栄養を、効率良く摂取できるドリンクとしても人気があります。
特色を活かして、メニューにとり入れてみましょう。

ブレンダーの特徴

高速回転をし、強力な粉砕力を持つため、豊富な栄養が詰まった野菜やフルーツの種や皮、芯などすべてを砕くことができます。
子どもが苦手な野菜の苦味は、ほかの材料としっかり混ざり合うので食べやすくなり、栄養素を丸ごと体に吸収させることが可能です。食材の持つ

香りを引き立てるだけでなく、口当たりが滑らかに仕上がるので飲み口もマイルド。
食材そのままの味を楽しめる以上に、繊維質を多く摂取できるのも特徴です。また、素材のすべてがドリンクとなるためボリュームも多く、満足感の高いドリンクになります。

特徴	刃で食材を切り刻む
液の状態	どろっとしている
メリット	食材そのままを味わえるため繊維質が多く摂取できる
デメリット	水分の少ない野菜や果物だけでは刃が空回りしてしまうため加水する必要がある

使い方

① 食材とミルクをブレンダーに入れる。

② フタをしっかりと閉め、スイッチを入れて撹拌する。

③ スイッチを止め、グラスに注ぎ入れる。

ブレンダーのドリンク

ブレンダーで作るドリンクはフローズンやスムージー、シェークをドリンクにするなど、多種多様に活用できます。

[フローズンドリンク]

氷と合わせて作るコールドドリンク。粉砕力が強いブレンダーで撹拌しないと、氷が砕ける前にブレードの高速回転の熱で溶けてしまいます。低速で回転をはじめ、早い段階で氷を粉砕してから高速回転に変え、滑らかになるまで回転させ作ります。そうすることで、氷点下になった液体は溶けにくくなるのです。どうしても時間が経てば分離するので、安定剤を入れる店もあります。

[スムージー]

凍らせた果物や野菜等を使用した、シャーベット状の飲み物。粉砕力が強いブレンダーを使用することで水分量の多い、凍らせたフルーツの粉砕も可能です。フルーツは熟したものを凍らせておくことで保存がしやすく、ロスも防げます。栄養素と香りが強いフルーツの皮や種も一緒に粉砕し、滑らかで香りも楽しめるドリンクが作れるのも魅力。栄養補給プラス、飲みごたえもあるスムージーは、欧米などでは朝食代わりとして飲まれています。

[シェーク]

牛乳やアイスクリームなどの乳製品と、チョコレートや果物のシロップを混ぜたシャーベット状の乳飲料。冷えた状態で脂肪分を混ぜ、ブレンダーの高速回転で乳化させながら撹拌することで、トロミのあるドリンクに仕上がります。

スムージー

ワカモレスムージー

メキシコのタコス用ディップ、ワカモレをスムージーに。
濃厚ながら、酸味とスパイスでさっぱりと飲める。

材料（ドリンク1杯分）

冷凍アボカド	150g
サワークリーム	70g
ストレートレモンジュース	10g
牛乳	200g
塩	少々
ライム	3切
チリパウダー	少々
ライム（スライス）	3切（半月切）

Cold

1. ブレンダーにアボカドと
   サワークリーム50g、レモンジュース、
   牛乳を入れて撹拌する。
2. グラスに注ぐ。
   サワークリームの残りをのせ、
   塩とチリパウダーをふりかけ、
   ライムを飾る。

BACE

フルーツ & 野菜

Cold

Point

高速回転で強力な粉砕力を持つブレンダーは、野菜やフルーツの種や皮、芯なども砕くことができ、冷凍された食材も滑らかなスムージーに仕上げる。

BACE

フルーツ＆野菜

Cold

スムージー

キャラメルバナナ

真空調理することで甘さと香りを増したバナナは、
香ばしいキャラメルと合わせること
でリッチな雰囲気に。

Point

60℃のお湯に入れることで変色せず、2割ほど甘さが増し香りも強くなる。

材料（真空調理バナナ）
バナナ

1. バナナを真空パックにし、
   60℃のお湯に入れ1時間かけてゆっくり火を通す。
2. 袋のまま氷水（分量外）に浸けて、急速に冷やす。
3. バナナの皮をむき、水気を拭いてから
   小分けにし、冷凍する。

材料（ドリンク1杯分）
真空調理バナナ⋯⋯⋯⋯140g
牛乳⋯⋯⋯⋯⋯⋯⋯⋯⋯160g
キャラメルソース⋯⋯⋯⋯30g
ホイップクリーム（緩め）⋯50g
カソナード⋯⋯⋯⋯⋯⋯⋯5g

Cold

1. ブレンダーに真空調理バナナと牛乳を入れ、
   撹拌する。
2. カップにキャラメルソースを入れ、1を注ぐ。
3. 2にホイップクリームをのせ、
   カソナードをかけバーナーで焦がす。

by Tanaka

BACE

フルーツ & 野菜

Cold

スムージー　　Vegan OK

イエロースムージー

パイナップルをメインに、苦さと酸味をプラスした
身体を整える、ビタミンスムージー。

材料（ドリンク1杯分）

冷凍パイナップル……………130g
セロリ…………………………50g
ストレートグレープフルーツ
ジュース……………………200g
ドライパイナップル……………1切

Cold

1. ブレンダーにパイナップルとセロリ、
　　グレープフルーツジュースを入れ、撹拌する。
2. グラスに注ぎ、ドライパイナップルを飾る。

by Katakura

BACE

フルーツ & 野菜

Cold

スムージー

黒いイチゴミルク

濃厚なイチゴミルクに炭を足すことで、
見た目のインパクトだけでなく
デトックス効果も期待できる。

材料（ドリンク1杯分）

牛乳……………………………130g
イチゴ…………………………100g
イチゴソース……………………50g
練乳……………………………10g
炭………………………………5g

Cold

1. ブレンダーにすべての材料を入れ、撹拌する。
2. **1**をカップに注ぐ。

スムージー

レッドスムージー

イチジクをベースに赤系のフルーツを皮ごと使って作る、
しっかりと鉄分補充ができるスムージー。

材料（ドリンク1杯分）
[A]
イチジク ……………………200g
冷凍赤ブドウ ………………60g
クランベリージュース ……120g

イチジク（皮つき）………1/2切

Cold
1. ブレンダーにイチジク200gと
　　赤ブドウ、クランベリージュース
　　を入れ、撹拌する。
2. グラスに注ぎ、イチヂクを飾る。

BACE

フルーツ & 野菜

Cold

by Tanaka

スムージー　　（ Vegan OK ）

グリーンスムージー

ケールをメインに緑系の野菜や、果物を使用。
食物繊維たっぷりのグリーンスムージーを楽しんで。

材料（ドリンク1杯分）
ケール ………………………20g
冷凍キウイ …………………200g
きゅうり ……………………50g
ストレートリンゴジュース ……180g
パセリ（みじん切り）…………適量

Cold
1. ブレンダーにケールとキウイ、
　　きゅうり、リンゴジュースを入れ、
　　撹拌する。
2. グラスに注ぎ、
　　パセリをトッピングする。

BACE

フルーツ & 野菜

Cold

by Tanaka

Part 6 ── 食事代わりになるソフトドリンク

材料（ドリンク1杯分）
洋ナシ ‥‥‥‥‥‥‥‥‥‥ 220g
レモン（皮つき）‥‥‥‥ 40g
ローズマリー ‥‥‥‥‥‥ 1枝

Cold
1. 洋ナシとレモンを
   スロージューサーに入れ、絞る。
2. 1をボトルに入れ、ローズマリーを入れる。

スロージューサー　　Vegan OK

ペア&
レモンローズマリー

洋ナシの甘さに、レモン果汁がスッキリとした後味に。
フレッシュローズマリーは、
漬けおくことでより香りが移る。

BACE

フルーツ&野菜

Cold

スロージューサー Vegan OK

ビーツ＆
シナモンアップル

ビーツの土臭さはシナモンの香りと、相性の良い
リンゴを合わせることで緩和し、美味しく仕上がる。

材料（ドリンク1杯分）
ビーツ　　　　　　　　　　60g
リンゴ（皮つき）　　　　　340g
シナモンパウダー　　　　　適量

Cold
1. ビーツとリンゴをスロージューサーに入れ、
   絞る。
2. シナモンパウダーを入れて混ぜ、
   ボトルに入れる。

by Tanaka

BACE
フルーツ＆野菜
Cold

スロージューサー Vegan OK

スパイシーキャロット
オレンジ

にんじん料理に良く組み合わせるクミンは
相性が良く、独特の香りを和らげます。

材料（ドリンク1杯分）
にんじん　　　　　　　　　120g
オレンジ（皮なし）　　　　120g
クミンパウダー　　　　　　少々

Cold
1. にんじんとオレンジを
   スロージューサーに入れ、絞る。
2. クミンパウダーを入れて混ぜ、
   ボトルに入れる。

by Tanaka

BACE
フルーツ＆野菜
Cold

Part 6 ── 食事代わりになるソフトドリンク

109

材料（ドリンク1杯分）
トマト（皮つき）─────250g
昆布茶 ───────少々

Cold
1. トマトをスロージューサーに入れ、絞る。
2. 昆布茶を入れて混ぜ、ボトルに入れる。

スロージューサー

トマト昆布

トマトに含まれるグルタミン酸と、同じ成分を持つ
昆布茶を混ぜることでさらにコクが加わり、
スープの様な旨味のあるジュース。

BACE

フルーツ＆野菜

Cold

5days Cleanse program

クレンズプログラム

| 1st glass | 2nd glass | 3rd glass | 4th glass | 5th glass |

スムージー　　スロージューサー

[やり方] **1日2.5ℓ×5日間**
（500mℓ×5回）

1日2.5ℓ の内訳は500mℓ×5回
これを5日間くり返します。

一定期間、固形物をとらずにジュースだけで体に必要な栄養をとり、消化器官を休めるためのプログラム。体内をデトックスさせることで、内臓機能の回復や免疫力を高める効果が期待できます。

※材料により仕上がり分量が変わるので比率で作る。
※レシピの分量は比率表記になっています。比率を守って、分量を調節しましょう。

☐ Restaurant
☑ Cafe
☐ Patisserie
☐ Fruit parlor
☐ Izakaya
☐ Bar

※本プログラムは本来の食事とおき換える趣旨のドリンクのため、自身の健康状態に充分に留意して飲用するよう、きちんと伝えたうえで提供しましょう。

5days
Cleanse
program
1st
glass

スムージー　Vegan OK

アーモンド
ミルク
バナナ

アーモンドミルクは、
抗酸化物質のビタミンEが豊富。
バナナに多く含まれている
セロトニンは脳の働きを活性化し、
集中力を高める働きがあるとされている。
朝の目覚めにぴったりのドリンク。

材料（分量は比率表記）
[A]
アーモンドミルク …………7
バナナ ……………………3

（香りの要素：500mlに対して）
バニラビーンズ …………1g

Cold
1. ブレンダーに［A］のバナナと
　　アーモンドミルクを入れ、
　　撹拌する。

アーモンド
ミルク
7

バナナ
3

材料（分量は比率表記）

ビーツ・・・・・・・・・・・・・・・・・・1
リンゴ・・・・・・・・・・・・・・・・・・1
にんじん・・・・・・・・・・・・・・・1
（香りの要素）
生姜・・・・・・・・・・・・・・・・・0.2

Cold

1. ビーツ、リンゴ、にんじん、生姜を
   順にスロージューサーに入れ、搾汁する。
※水分量の少ないものから入れる。

ビーツ
1

リンゴ
1

にんじん
1

生姜
0.2

スロージューサー　Vegan OK

ABCジュース

「A＝Apple」、「B＝Beet」、「C＝Carrot」の
頭文字をとった美容大国、韓国で大人気の
ナチュラルジュース。ビーツは鉄分をはじめ、
ビタミンB群の一種である葉酸を特に多く含む。
にんじん、リンゴに含まれる抗酸化作用により、
美肌効果が期待されている。
血管、心臓健康、肝機能改善、
免疫力向上なども望める。

2nd
glass

Part 6 ── 食事代わりになるソフトドリンク

5days Cleanse program

3rd
glass

ベータカロテン＆ビタミン

βカロテンは、体内に取り入れるとビタミンAに変化し、目や皮膚を健康に保つ働きがある。
ビタミンCが豊富なミカンを合わせて、
肌荒れや風邪予防に効果が期待できる。

スロージューサー　　Vegan OK

材料（分量は比率表記）
[A]
にんじん ……………………… 1
ミカン ………………………… 1

にんじん
1

ミカン
1

（香りの要素：500㎖に対して）
シナモン（カシア）……… 1本

Cold
1. ［A］を順にスロージューサーに入れ、
　　搾汁する。
※水分量の少ないものから入れる。

スロージューサー　Vegan OK

パインシトラス

パイナップルには食物繊維が多く、お腹で膨らむため空腹感を抑え、便秘の予防にも役立つ。
さらにシトラスの香りには抗うつ作用や鎮静作用があり、不安や緊張をほぐしリラックス効果が見込める。

材料（分量は比率表記）
[A]
レモン……………………1
グレープフルーツ…………2
パイナップル………………2

（香りの要素：500mlに対して）
レモングラス………………5g
ミント………………………3g

Cold
1．[A]を順にスロージューサーに入れ、搾汁する。
※水分量の少ないものから入れる。

レモン	グレープフルーツ	パイナップル
1	2	2

4th glass

by Katakura

スロージューサー　Vegan OK

グリーンアップルジュース

ビタミンたっぷりの小松菜をベースに、リンゴをプラス。
リンゴのペクチンで整腸作用と鎮静作用、
パイナップルとセロリの繊維質で空腹感を抑える。
夜に最適なドリンク。

材料（分量は比率表記）
[A]
セロリ……………1　　リンゴ……………3
きゅうり…………2　　小松菜……………1
パイナップル……3　　パセリ……………6枝

（香りの要素：500mlに対して）
レモンピール………1g

Cold
1．[A]を順にスロージューサーに入れ、搾汁する。
※水分量の少ないものから入れる。

セロリ	きゅうり	パイナップル	リンゴ	小松菜
1	2	3	3	1

5th glass

by Katakura

スーパーフードを
ドリンクにとり入れる

1980年代のアメリカやカナダからはじまった、スーパーフード。
食事療法を研究する医師や専門家の間で、
有効成分を突出して含んだ食品を指して呼ばれるようになりました。

スーパーフードの特性

スーパーフードは「抗酸化作用が高い」、「老化や生活習慣病の予防」、「がんのリスク低下」などの効果が期待されています。
「一般の食品よりビタミン、ミネラル、クロロフィル、アミノ酸といった必須栄養素や健康成分を多く含む、おもに植物由来の食品」という大前提のもと、提唱者によって異なる食品があげられていますが基本「健康に良い栄養分を豊富に含みなが

らもその多くは低カロリーである食品」とされています。
中には身近な野菜や果物も多く、リンゴの皮やにんじんの葉も丸ごと食べるといった、マクロビオティックの一物全体（ホールフーズ）に近い面と、食品に含まれる複数の栄養・健康成分が体に良い「薬」となるという、中国の薬膳や漢方にも通じるところがあります。

メリット

栄養バランスの優れた栄養食品である、スーパーフードのほとんどは植物性です。そのため動物性食材を摂らない vegan や、vegetarian の人たちでもスーパーフードであれば動物性の食材に多く含まれる栄養素を、安心して摂取できるでしょう。

栄養を摂りやすいサプリメントは人工的なものなのですが、スーパーフードは自然のものかつ少量で栄養価が高いのが嬉しいポイントのひとつです。また、料理の食材としても健康食品として優れた食材といえます。

スーパーフードの条件	● 特定の有効成分が摂れる
	● ごく少量で栄養・健康成分を効率的に摂れる

スーパーフードの定義

日本では、抹茶は嗜好品として楽しまれていますが、有機食材やナチュラル食材を多くとり入れているオーストラリアでは、スーパーフードとして食されています。日本とは違い、ほかのスーパーフードを食べるのと同じように、食べ物に使用して摂取することも多く見られます。

また、ブラックゴジベリーは抗酸化作用があり、目の働きを助ける効果があるポリフェノールの1種であるアントシアニンが、ブルーベリーの約20倍も含まれているといわれています。

現在のスーパーフードはいろいろな食材がありますが、はっきりとした特定の食品をスーパーフードとして定義したものではありません。今後も研究によって新たな食材の栄養素が見つかり、スーパーフードとして認識されていくことでしょう。うまく採り入れれば、食生活はさらに豊かになっていくと感じます。このあとのレシピをぜひ参考にしてください。

スーパーフード一例

ブラックゴジベリー

アントシアニンを豊富に含んだ天然の実である、黒クコを乾燥させたもの。

ブルーグリーンアルジー

天然藍藻類で、ミネラルやビタミンなどが多く含まれる総合栄養食品。

甘酒

米と麹で作られ「飲む点滴」と呼ばれるほど高い栄養価を誇る。

ビーツパウダー

ビーツをスプレードライで細かな粒子に加工したパウダー。

モリンガ

90種類もの栄養素を含有。腸内環境を整える働きや、抗酸化力も強い。

ローカカオ

生のカカオ豆、または低温加工したもののこと。アンチエイジング効果がある。

チアシード

シソ科の植物であるチアの種。よく水分を吸収するのが特徴。

アボカド

食物繊維や、リラックス効果のあるカリウムに富み、心と体の栄養素になる。

抹茶

お茶の新芽を粉状にしたものを溶かして飲むため、栄養素を丸々摂取できる。

ブラックゴジベリー
レモンスカッシュ

アントシアニンが豊富でブルーベリーの20倍
含まれているブラックゴジベリー。
特性によって色の変化が楽しめる。

BACE
フルーツ＆野菜
Cold

　ゴジベリー

材料（ブラックゴジベリーシロップ）
水 ……………………………… 200g
重曹 …………………………… 5g
黒クコの実 …………………… 6g
グラニュー糖 ………………… 200g

1. 鍋に水と重曹を入れ、溶かす。
   黒クコの実を入れて火にかけ、
   温度を50℃まであげる。
2. **1**にグラニュー糖を入れ溶かしたら、
   氷水（分量外）を入れたボールに
   あてて急速に冷やす。茶こしでこして、
   保存する。

材料（ドリンク1杯分）
ブラックゴジベリーシロップ
……………………………… 30g
強炭酸 ………………………… 120g
レモン汁 ……………………… 40g
レモン（スライス）………… 1枚

Cold
1. グラスにゴジベリーシロップと
   氷（分量外）を入れる。
   強炭酸とレモン汁を順に注ぐ。
2. レモンスライスを飾る。

Point

アントシアニンはアルカリ性では
青、緑や黄色に酸性では赤に色が変
わる。

シロップはアルカリ性の重曹のた
め、酸性のレモンを入れることで青
色から赤へ色変化する。

BACE
フルーツ & 野菜

Hot

 ブルーアルジー

材料（ドリンク1杯分）
ココナッツミルク……………120g
ブルーアルジー……………3g
レモンピューレ……………5g
生姜の搾り汁……………10g
アガベシロップ……………10g

Hot
1. ミルクピッチャーにココナッツミルクを注ぎ、フォームドミルクを作る。
2. カップにブルーアルジーとレモンピューレ、生姜の搾り汁、アガベシロップを入れ、混ぜ合わせる。
3. 2に1を注ぎ、ドリンク用プリンターで転写する。

Vegan OK

スマーフラテ

栄養豊富なブルーグリーンアルジーと
ココナッツミルクに、
新陳代謝の促進やむくみの解消、
殺菌作用のある生姜を合わせた
爽やかな色と味わい。

Point

カップをセットし、好みのデザインを選ぶ。

カップの高さに合わせて、マシンが稼働する。

数秒でドリンクの表面に、模様がプリントされる。

Part 6 ｜ 食事代わりになるソフトドリンク

119

ビーツパウダー

材料（ドリンク1杯分）
ココナッツミルク・・・・・・・・・・・・120g
ビーツパウダー・・・・・・・・・・・・・・・3g
レモンピューレ・・・・・・・・・・・・・・・5g
生姜の搾り汁・・・・・・・・・・・・・・・10g
アガベシロップ・・・・・・・・・・・・・10g

Hot

1. ミルクピッチャーにココナッツミルクを注ぎ、
　　フォームドミルクを作る。
2. カップにビーツパウダーとレモンピューレ、
　　生姜の搾り汁、アガベシロップを入れ、
　　混ぜ合わせる。
3. **2**に**1**を注ぎ、ドリンク用プリンターで
　　模様を転写する。

Vegan OK

ビーツラテ

ビーツをはじめ、さまざまな効果が期待できる
ココナッツミルクや生姜を合わせて、
体の中の塩分を排出して血圧の上昇を防ぎ、
高血圧の予防にもなるとされる。

BACE
―――――
フルーツ & 野菜

Hot

Vegan OK

チア
エルダーフラワー
ソーダ

スーパーフードのチアシードを
ハーブティーソーダに合わせれば、
食感が楽しめる簡単栄養補給ドリンクの
できあがり。

 チアシード

材料（ドリンク1杯分）

チアシード ……………………5g
水 ………………………………50g
エルダーフラワー …………4g
お湯（沸騰）………………100g
氷 ………………………………80g
アガベシロップ ……………20g
ソーダ ………………………80g

Cold

1. チアシードを水に入れ、
   約半日浸して戻す。
2. エルダーフラワーにお湯を入れ、
   3分蒸らす。
3. **2**に氷を入れ、冷やす。
4. グラスに**1**とアガベシロップ、
   氷（分量外）を入れる。
   3とソーダを注ぐ。

BACE

スパイス＆ハーブ

Cold

BACE

抹茶

Cold

Vegan OK

モリンガ&抹茶&
アップルジュース

栄養バランスの良いモリンガに、体脂肪を燃焼する
効果がある抹茶とポリフェノール成分が多く含まれている
リンゴを合わせて身体を元気にする一杯。

 モリンガ

材料（ドリンク1杯分）
モリンガ························ 2g
抹茶（粉）····················· 2g
お湯（沸騰）··················· 40g
無添加リンゴジュース·········· 160g
レモンピューレ················· 5g

Cold
1. モリンガと抹茶を、茶こしでこす。
2. **1**にお湯を注ぎ、粉が溶けるまで
　　茶筅でしっかり点てる。
3. グラスに氷（分量外）を入れ、
　　リンゴジュースとレモンピューレを注ぎ、
　　軽く混ぜる。
　　2を静かに注ぎ入れる。

材料（甘酒）

お米	1合
水	850㎖
乾燥米麹	200g

1. お米を洗い、炊飯釜に水と一緒に入れ、お粥モードで炊く。
2. **1**を60℃になるまで冷ます。
3. **2**に米麹を入れ、よく混ぜる。
4. 蓋を開けて保温モードにし、乾いた布をかけて55〜60℃に保つ。
5. **1**時間後、全体を混ぜて8時間おく。

甘酒

材料（ジンジャーシロップ）

生姜（皮付き）	800g
唐辛子	2〜3本
三温糖	800g
水	1000g
ブラックペッパー	20粒

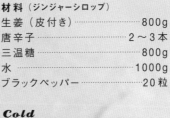

BACE
フルーツ＆野菜

Hot

Cold

1. 生姜を洗い、水分を拭きとり、皮ごと2㎜にスライスする。
2. 鍋に**1**と三温糖を入れ、30分以上水分が出てくるまでおく。
3. 水と種をとった唐辛子、ブラックペッパーを加え中火にかける。沸騰したらアクをとりながら40〜50分程煮る。
4. 冷めたら瓶などの保存容器に入れる。

甘酒ジンジャー

自家製の無糖甘酒に、ジンジャーシロップを入れて香りと甘さをプラス。
デザート感覚で召し上がれ。

材料（ドリンク1杯分）

甘酒	250g
ジンジャーシロップ	20g

Hot

1. 鍋に甘酒を入れ、温める。
2. **1**をカップに注ぎ、ジンジャーシロップをかける。

Point

1

温度計を使用し、60℃になるまで温度が下がったか確認する。

2

米麹を入れ、よくかき混ぜる。

3

炊飯器を保温モードにし、蓋を開けた状態で乾いた布をかけて、60℃前後に保つ。

Part 6 ｜ 食事代わりになるソフトドリンク

アボカド
レモンラッシー

ビタミンEや不飽和脂肪酸などが含まれるアボカドや、
乳酸菌が多いヨーグルト、レモンを合わせて
濃厚ながらも爽やかなラッシー。

BACE

フルーツ＆野菜

Cold

アボカド

材料（ドリンク1杯分）

牛乳	120g
レモン	40g
アボカド	60g
ギリシャヨーグルト	120g
きび糖	20g
アボカドオイル	3g

Cold

1. ブレンダーに牛乳とレモン、
   アボカド、ギリシャヨーグルト、
   きび糖を入れ、撹拌する。
2. グラスに**1**を注ぎ、
   アボカドオイルをかける。

材料（ドリンク1杯分）
ローカカオ ……………… 10g
カソナード ……………… 10g
お湯（沸騰） ……………… 20g
アーモンドミルク ………… 50g
フレーバーブラスター
（シトラスフレーバー）…… 1回分

Cold
1. ローカカオとカソナードを、お湯で溶かす。
2. シェーカーに 1 とアーモンドミルク、氷（分量外）を入れハードにシェークする。カクテルグラスに注ぎ入れる。
3. 2 にフレーバーブラスターのバブルをのせ、香りつけをする。

ローカカオ

Point

フレーバーブラスターで、ドリンクにバブルフレーバーをのせる。

バブルが割れることで、シトラスの香りが広がる。

ローカカオ
アーモンド
ミルク

マグネシウムを含むローカカオに、
抗酸化物質やビタミンEが豊富な
アーモンドミルクを混ぜて、
栄養豊富なココアドリンクに。

Part 6 ── 食事代わりになるソフトドリンク

BACE
フルーツ & 野菜

Cold

Shop List

本書で使用した材料や機材が入手できるお店を紹介します。
作りたいドリンクに合った品を手に入れましょう。

材料

エッセンス

株式会社ミコヤ香商

〒151-0072
東京都渋谷区幡ヶ谷2-16-1 8階
03-3377-3377

オーツミルク

マイナーフィギュアズ

［取扱店］株式会社 若翔
神奈川県相模原市中央区横山台1-17-19
TEL：042-707-9957
MAIL：info@wakashou.co.jp
HP：http://wakashou.co.jp

和の食材・砂糖類

秀和産業株式会社

〒279-0024
千葉県浦安市港76-17
TEL：047-354-2311
FAX：047-354-2318
HP：http://shuuwa.co.jp

日本茶（抹茶）

製茶 辻喜

〒611-0022
京都府宇治市白川川上り谷52-1
http://tsujiki.jp/
TEL／FAX：0774-26-6185
TEL（直通）：0774-26-5653
MAIL：info@tsujiki.jp
MAIL：seicha.tsujiki@gmail.com

ピューレ

タカ食品工業株式会社

〒835-0023
福岡県みやま市瀬高町小川1189-1
TEL：0944-62-2161
HP：https://www.takafoods.co.jp/

砂糖類

大東製糖株式会社

〒261-0002
千葉県千葉市美浜区新港44
TEL：043-302-3108
URL：https://daitoseito.co.jp/

モリンガ

Cor-an Holdings株式会社
フード&ヘルス事業部
PURE MORINGA®（ピュアモリンガ）

東京都港区白金3-23-2
MAIL：puremoringa@cor-an---an.com
HP：www.cor-an---an.tokyo
Instagram：@pure__moringa